양육자와 상담자를 위한 안내서

아동·청소년을 위한

경험중심 사회기술훈련 ②

사회 상황 이해를 돕는 적응 기술

채수정 · 김주경 · 김유나 · 국주리 · 박꽃초롱 · 곽다미 · 임승비 공저

학지사

『아동·청소년을 위한 경험중심 사회기술훈련』은 자폐스펙트럼장애를 비롯한 발달장애로 인하여 사회적 상호작용과 사회적 의사소통의 어려움을 보이는 아동들에게 사회성 기술훈련을 통하여 사회성 및 상호소통을 증진시킴을 목적으로 하고 있습니다. 이 책은 자폐스펙트럼장애를 비롯한 발달장애 아동들의 사회성 및 상호소통을 개선시키기 위하여 마음의 이론(theory of mind)으로 불리는 사회성 인지(social cognition)를 개선시키기 위한 다양한 노력들을 담고 있습니다. 또한 아동과 청소년을 관계형성과 상호작용의 세상 속으로 이끌어 낼 수 있습니다. 그들의 개인적 차이를 이해하고 참여(engagement)를 지지하기 위한 맞춤형 상호작용으로 늦어진 사회성 발달을 촉진시키는 노력을 시행합니다.

일반적으로 우리나라에서 학령기 아동들에게 시행하고 있는 사회성 치료는 개별 사회성 인지치료와 사회성 그룹치료가 구분되는데, 사회성 그룹치료가 대부분을 차지하고 있습니다. 그렇다 보니 사회성 치료프로그램들이 그룹을 대상으로 만들어진 경우가 많습니다. 하지만 이 책에서 설명하는 여러 내용은 사회성 그룹치료뿐만 아니라 개별적으로 시행하는 사회성 인지치료에도 적절하게 적용할 수 있는 기법들입니다. 따라서 이 책이 자폐스펙트럼장애를 비롯한 발달장애 아동의 사회적 의사소통 및 상호작용을 개선시키는 역할을 하리라 기대됩니다.

이 책의 저자들은 이 분야에서 오랫동안 사회성 발달의 어려움을 보이는 아동과 가족들을 돌보아 온 전문가입니다. 이 책은 발달장애 아동의 사회성 및 상호작용을 개선시키는 치료방식에 대하여 잘 정리되어 있어 기쁜 마음으로 일독해 보시기를 추천합니다.

대한자폐스펙트럼연구회 창립회장, 소아청소년정신과 전문의 신석호

인간에게 '사회성' 하면 기본으로 갖춰지는 기능으로 쉽게 생각하지만, 실제 적절한 사회성을 갖추는 것은 쉬운 일이 아닙니다.

사회 구조의 변화로 외동이가 증가하는 가족 구성과 개개인의 자율적 행동을 존중하는 가치 기준의 영향으로, 학교와 같은 집단 내에서 주변 상황을 제대로 판단하고 자신의 입장과 균형에 맞게 행동하는 데 어려움을 겪는 학생들이 적지 않습니다. 이의 부작용인 따돌림 현상은 많은 학생과 부모님의 큰 두려움일 뿐 아니라 성장 후의 대인 관계에도 절대적 영향을 미치기 때문에 관심을 가져야만 합니다.

이런 이유로 사회성을 키우는 방법에 대한 수요가 증가했습니다. 어려운 점은 이 기능이 단순히 설명을 듣는 것만으로 실천할 수가 없다는 것입니다. 성장기 학생들은 타인에게 성인 수준의 배려를 하는 것이 아직 어렵기 때문에, 보호자나 선생님의 말씀을 머리로 이해한다고 해도 또래 관계에서 실제로 알맞은 말과 행동을 표현하는 것은 쉽지 않습니다.

정해진 또래 집단 내의 상호작용 과정 중 실시간의 지도를 받도록 하는 치료 기법이 바로 사회 기술훈련입니다. 이 책은 전문 치료사에게 유용한 구체적인 구성 방법 및 실제 사용 가능한 자료들을 총망라한 것으로, 무려 일곱 분의 전문가 선생님들의 경험을 통한 치밀하고 효율적인 지침서입니다. 특별히 저와 함께 일하시는 채수정 선생님과 같이 일해 주셨던 김주경, 곽다미 선생님 세 분의 노력이 포함되어 있으니 그 내용에 개인적으로도 확실한 신뢰를 가질 수 있습니다.

선생님 모두의 오랜 경험이 녹아 있는 이 책이 많은 치료사분들께 큰 도움이 될 것을 확신합니다.

화인정신건강의학과 소아청소년정신과 전문의 현태영

차례

사회 상황 이해를 돕는 적응 기술

서론

사회 상황 이해를 돕는 적응 기술

'사회성'이란 타인의 감정, 생각과 관점을 이해하고 공감하는 능력으로 타인과 원활하게 의사소통하고 원만한 대인관계를 형성 및 유지하는 능력이다(차성현 외, 2012). 이 능력을 발휘하기 위해서 사회적 상황을 파악하고 이해할 필요가 있다. 사회적인 목적을 위해 의사소통하는 '사회적 의사소통'은 사회적 참여 및 관계 유지, 그리고 효과적인 의사소통을 위해 비구어적인 방법이나 구어를 사용하는 것을 뜻한다(American Psychiatric Association: APA, 2013).

아동기에 이러한 사회적 의사소통 기술을 획득하는 것은 인지, 정서 및 행동 등 아동의 전반적인 발달과 학령기 이후 적응에 중요한 영향을 미치고(Gresham, Sugai, & Horner, 2001; Krasny, Williams, Provencal, & Ozonoff, 2003) 이 의사소통 기술들을 획득하지 못하는 것은 사회에서 다양한 적응의 문제뿐만 아니라 다른 기술이나 영역의 결함 또한 가져온다.

특히 아동·청소년 시기에 원활한 학교생활 및 또래 관계에 있어 사회적 능력과 사회적 상황을 이해하는 것이 중요한 이유는 매일 다른 사람들과 소통하며 관계를 형성하고 유지하는 등 다양한 사회적 상황에 부딪치기 때문이다. 언어의 제약, 비언어적 신호의 해석, 감정의 인식 및 관리, 다양한 사회적 배경을 이해하는 능력 등 다양한 요소가 사회적 상황을 이해하는 데 있어 어렵게 만들 수 있으며 이렇게 다양한 단서를 통해 사회적 상황을 이해하고 대처하는 것은 때로 어렵고 복잡할 수 있다. 따라서 사회적 의사소통 기술을 습득하는 것은 유아기 및 아동기의 핵심적인 발달과제가 되어야 하며, 적절하고 집중적인 개입을 통해 학교와 사회에서 발생할 수 있는 또래 관계 및 학업 문제에 대비할 수 있다(Bledsoe, Myles, & Simpson, 2003).

이 책은 다양한 사회적 상황을 파악하고 적절하게 대처하는 데 어려움을 겪는 아동·청소년에게 도움이 되는 활동들로 구성이 되어 있다. 발달, 언어, 정서, 환경 등 다양한 원인으로부터 사회성 문제가 발생하고 있으며, 인간 발달의 관점에서 보았을 때, 청소년기와 초기 성인기의 사회성 위축과 결핍은 해당 시기만의 문제로 끝나는 것이 아니라 이후 남은 생애주기 전반에 영향을 줄 수 있는 문제로 주목할 필요가 있다(Erikson, 1963). 특히 최근 2~3년간 COVID-19 영향으로 인한 비대면 시대의 인터넷 몰입과 학습 공백, 그리고 사회성 손실과 같은 문제를 경험한 아동·청소년이 증가하면서(강인희, 2021; 홍석재, 2021; 뉴스 EBS, 2020) 병리적 진단과 상관없이 모든 아동·청소년에게 필요한 과제가 됐다.

사회 상황 이해는 언어 및 비언어적 이해를 통한 사회적 상황을 파악 및 이해하고 적절한 방법으로 대처하는 활동으로 구성되어 있다. 대인관계 기술은 대상에 따른 관계를 이해하고 관계를 유지하기 위한 다양한 의사소통 및 사귀기 기술로 구성되어 있다. 문제해결 기술은 문제 상황에 대해 파악하는 것부터 실패에 대처하는 행동까지 다루고 있다. 마지막으로 현장에서의 적용은 다양한 지역사회 시설 이용을 돕는 활동과 전자통신매체의 적절한 이용을 돕는 활동을 담고 있다.

상담사, 심리치료사, 교사, 사회복지사와 같은 전문가들에게뿐만 아니라, 아동·청소년을 자녀로 둔 양육자까지 여러 분야에서 유용하게 활용할 수 있다. 이 책의 다양한 활동을 통해 아동·청소년이 자신에 대해 생각하고 사회적인 기술을 연습하고 실생활에 적용하여 긍정적인 경험을 할 수 있기를 바란다.

사회 상황 이해를 돕는 적응 기술

01. 사회적 상황 이해

사회적인 장면에서 단서를 찾아서 파악하고, 다양한 비언어적인 표현에 대해 이해할 수 있다.

- 주변 상황 관찰하기
- 사회적 장면에서 단서 파악

02. 대인관계 기술

타인과 관계를 맺고 유지하기 위해 필요한 사회적 기술을 습득하여 긍정적인 대인 관계 유지를 돕는다.

- 관계의 친밀도 알기
- 의사소통기술
- 자기주장훈련
- 사귀기 기술(또래)

03. 문제해결 기술

직면한 문제를 해결하기 위해 단계적으로 필요한 기술을 습득하여 일상생활에 적응력을 높인다.

- 문제 인식
- 문제해결을 위한 탐색
- 결과 예측하고 평가하기
- 실패에 대처하기

04. 지역사회 시설 이용하기

각 지역사회 시설 이용 시 필요한 기술 및 매너를 연습하여 다양한 시설을 적절하게 이용할 수 있도록 돕는다.

- 대중교통
- 병원, 약국
- 마트, 편의점
- 음식점, 카페
- 은행
- 영화관
- 도서관
- 미용실

05. 전자통신매체 활용 기술

SNS, 온라인 거래 등 전자통신매체를 이용 시 주의할 점과 매너를 파악하고 안전하게 활용할 수 있다.

- 예절과 매너
- 온라인 쇼핑 및 결제

1장 사회적 상황 이해

1. 주변 상황 관찰하기(분위기 파악하기)

✎ 목표

(1) 주변 상황(환경 및 대상)에 대한 관찰을 통해 상황파악 및 적응에 필요한 정보를 수집할 수 있다.

(2) 새로운(낯선) 상황에 적응적으로 대처할 수 있다.

✎ 활동내용

◆ 분위기 파악하기

(1) 이번 활동에 앞서 흥미 유발을 위한 눈치게임을 진행한다.

(2) 상황파악을 위해 관찰해야 하는 것을 이야기한다(객관적 정보, 분위기, 타인의 반응 등).

(3) 활동지에 주어진 분위기에 맞는 표정을 그린다.

(4) 해당 표정을 관찰할 수 있는 상황을 그린다.

(5) 그 상황에서 다른 사람들은 어떤 행동을 하는지 그린다.

(6) 주어진 분위기에 맞는 적절한 표정과 상황, 다른 사람들의 행동을 작성했는지 살펴보고 발표한다.

◆ 상대방 관찰하기

(1) 상황파악을 위해 관찰해야 하는 것을 이야기한다(객관적 정보, 분위기, 타인의 반응 등).

(2) 활동지에 주어진 그림을 보고 어떤 상황인지 파악한다.

(3) 그 상황에서 주변 사람들은 어떻게 행동하고 있을지 적는다.

(4) 그 상황에서 어떻게 행동해야 할지 적는다.

(5) 낯선 상황에서 주변상황을 파악하고 상황에 맞는 적응적인 행동이 무엇인지 파악하고 발표한다.

(6) 활동을 정리하며 소감을 나누고, 다음 시간을 소개하며 마무리한다.

- 저학년이나 인지적 한계, 활동지를 작성하는데 제한이 있는 경우 객관식으로 표정이나 상황을 제시하여 주거나 O/X 퀴즈를 진행할 수 있다.

분위기 파악하기

❓ 분위기에 맞는 표정과 상황을 그려보세요.

① 무서운

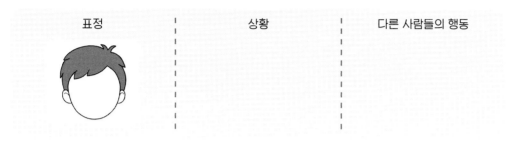

② 엄숙한

③ 쾌활한

④ 싸늘한

상대방 관찰하기

❓ 아래 그림을 보고 상황을 파악하여 어떻게 행동해야 할지 적어 보세요.

〈결혼식〉

· 어떤 상황일까요?

· 주변 사람들은 어떻게 행동할까요?

· 나는 어떻게 행동해야 할까요?

〈장례식〉

· 어떤 상황일까요?

· 주변 사람들은 어떻게 행동할까요?

· 나는 어떻게 행동해야 할까요?

〈단체로 혼나는 상황〉

· 어떤 상황일까요?

· 주변 사람들은 어떻게 행동할까요?

· 나는 어떻게 행동해야 할까요?

〈시험을 망쳐서 울고 있는 친구〉

· 어떤 상황일까요?

· 주변 사람들은 어떻게 행동할까요?

· 나는 어떻게 행동해야 할까요?

〈엄마가 심각하게 통화 하는 모습〉

· 어떤 상황일까요?

· 주변 사람들은 어떻게 행동할까요?

· 나는 어떻게 행동해야 할까요?

2. 사회적 장면에서 단서 파악

✎ 목표

(1) 사회적 장면에서 나타나는 다양한 비언어적 단서의 의미를 알고 상황을 이해하며, 그에 따라 적응적으로 행동할 수 있다.

(2) 상대방의 표정, 몸짓, 목소리 등의 행동 관찰을 통해 다양한 상황에서 상대방 행동의 의도를 파악할 수 있다.

✎ 활동내용

◆ 이중 메시지 의도 파악하기

(1) 평소에 상대방 말의 의도를 파악하지 못한 경험과 글자 그대로 해석하면 안 되는 이유를 자유롭게 이야기한다.

(2) 활동지 작성 시, 단계적으로 의도를 파악하고 평소에 들어본 이중 메시지를 생각한다.

(3) 발표 시, 의도를 파악하기 위해 주의해야 하는 점을 이야기한다.

(4) 활동을 정리하며 소감을 나누고, 다음 시간을 소개하며 마무리한다.

◆ 표정으로 감정 표현하기

(1) 사회적 장면에서 상황파악을 돕는 단서에는 어떤 것들이 있는지 생각하고, 몇 가지 상황을 예를 들어 주며 그 상황에서 알 수 있는 비언어적 단서는 어떤 것이 있을지 이야기한다.

(2) 활동지 작성 시, 똑같은 표정이라도 감정과 상황은 다양하다는 것과 상황에 따른 다양한 감정을 생각한다.

(3) 상황에 맞는 적절한 표정은 감정을 전달하는 데 필요하다는 것을 안다.

(4) 작성한 활동지를 발표한다.

(5) 활동을 정리하며 소감을 나누고, 다음 시간을 소개하며 마무리한다.

◆ 이모티콘으로 감정 표현하기

(1) 사회적 장면에서 상황 파악을 돕는 단서에는 어떤 것들이 있는지 생각하고, 몇 가지 상황을 예를 들어 주며 그 상황에서 알 수 있는 비언어적 단서는 어떤 것이 있을지 이야기한다.

(2) 글만 있는 것과 이모티콘이 있는 메시지가 어떻게 다른지 생각하고 보기의 이모티콘 외 함께 쓰일 수 있는 이모티콘을 이야기한다.

(3) 평소에 자주 사용하는 이모티콘을 생각하고, 어떤 메시지에 자주 쓰고 있는지 발표한다.

(4) 실제로 메시지를 작성할 때 다양한 이모티콘을 사용한다.

(5) 활동을 정리하며 소감을 나누고, 다음 시간을 소개하며 마무리한다.

◆ 상대방 표정 의미 알기

(1) 사회적 장면에서 상황 파악을 돕는 단서에는 어떤 것들이 있는지 생각하고, 몇 가지 상황을 예를 들어 주며 그 상황에서 알 수 있는 비언어적 단서는 어떤 것이 있을지 이야기한다.

(2) 보기에서 내가 평소에 했던 행동을 점검하고, 상대방의 표정을 읽기 어려웠던 경험을 이야기한다.

(3) 활동지에 있는 말을 상대방이 했다면 나는 어떤 표정을 지을지 생각한다.

(4) 활동을 정리하며 소감을 나누고, 다음 시간을 소개하며 마무리한다.

◆ 상대방 행동 의미 알기

(1) 사회적 장면에서 상황 파악을 돕는 단서에는 어떤 것들이 있는지 생각하고, 몇 가지 상황을 예를 들어 주며 그 상황에서 알 수 있는 비언어적 단서는 어떤 것이 있을지 이야기한다.

(2) 활동지 보기에서 내가 평소에 했던 행동을 점검하고, 상대방의 행동 의도를 파악하기 어려웠던 경험을 작성한다.

(3) 활동지에 있는 말을 상대방이 했다면 나는 어떤 행동을 할지 발표한다.

(4) 활동을 정리하며 소감을 나누고, 다음 시간을 소개하며 마무리한다.

◆ 감정 퀴즈(표정/몸/그림으로 말해요)

(1) 사회적 장면에서 상황 파악을 돕는 단서에는 어떤 것들이 있는지 자유롭게 이야기한다.

(2) 쪽지에 작성된 감정을 공유하고, 보이지 않도록 접어 통 안에 섞는다.

(3) 통 안에 있는 쪽지를 랜덤으로 뽑아 퀴즈를 낸다.

(4-1) (표정/몸으로 말해요) 감정을 표정/몸으로만 힌트를 주어 맞히면 2점을 획득하고, 맞히지 못하면 언어 표현도 추가할 수 있으나 1점을 획득한다(예) 나는 방학이라 ○○○ 기분이야. / 점프하며 웃는 몸짓).

(4-2) (그림으로 말해요) 첫 번째 그룹원만 감정 카드를 확인하고 마지막 그룹원이 유추하여 감정을 맞추는 퀴즈로 진행할 수 있다. 중간에 있는 그룹원들은 각 5초씩만 그림을 그려 종이를 넘긴다. 단, 얼굴만 그릴 수 있도록 하고 글자는 작성할 수 없다.

(5) 활동을 정리하며 소감을 나누고, 다음 시간을 소개하며 마무리한다.

활동 TIP

• [이중 메시지 의도 파악하기] 이 밖에 다양한 상황에서 다양한 이중 메시지가 있다는 것을 알도록 한다.

• [이중 메시지 의도 파악하기], [상대방 표정 의미 알기], [상대방 행동 의미 알기] 개별과 그룹 모두 지문 내용을 역할극으로 진행하여 흥미를 높일 수 있으며, 그룹으로 진행 시 같은 표정과 행동을 서로 다르게 해석할 수 있음을 알도록 한다.

• [상대방 표정 의미 알기] 표정에 대한 설명을 지우고 활동할 수 있다.

• [표정으로 감정 표현하기] 글을 쓰기 어렵다면 감정과 연결된 이모티콘을 붙이는 활동으로 진행할 수 있다.

• [감정 퀴즈] 참여자가 직접 퀴즈를 낼 감정을 작성할 수 있으며, 다양한 방법의 퀴즈로 진행할 수 있다.

이중 메시지 의도 파악하기

② 제시된 상황에서 아래와 같은 말의 숨은 의도를 파악하여, 적절한 나만의 대처 방법을 만들어 보세요.

---

1. 부모님의 허락 없이 학원을 결석하고, 친구들과 함께 PC방에 갔다. 그날 저녁 부모님이 말씀하셨다. **"너 당장 집에서 나가."**

- 말 그대로 행동해도 될까요? _____

- 말의 숨은 의도는 무엇일까요? _____

- 그럼 나는 어떻게 행동할까요? _____

---

2. 숙제를 하지 않아 선생님이 교과 수업 후 숙제를 다 하고 가라고 하셨으나, 수업이 끝나고 바로 친구들과 함께 하교했다. 다음 날 선생님께서 말씀하셨다. **"그냥 계속 숙제도 하지 말고 수업도 들어오지 마."**

- 말 그대로 행동해도 될까요? _____

- 말의 숨은 의도는 무엇일까요? _____

- 그럼 나는 어떻게 행동할까요? _____

---

3. 친구들이 놀고 있는 것을 보고 같이 놀고 싶어서 나도 함께 놀고 싶다고 말을 걸었다. 친구는 나를 쳐다보지도 않고 팔을 꼬며 대답했다. **"알았어."**

- 말 그대로 행동해도 될까요? _____

- 말의 숨은 의도는 무엇일까요? _____

- 그럼 나는 어떻게 행동할까요? _____

표정으로 감정 표현하기

❓ 감정에 해당하는 표정을 그리고 나는 언제 그런 감정을 느끼는지 작성해 보세요.

표정 그리기	내가 이런 표정을 할 때
웃고 있는	① _____ ② _____ ③ _____
화가 난	① _____ ② _____ ③ _____
슬픈	① _____ ② _____ ③ _____

이모티콘으로 감정 표현하기

❓ 메시지 내용에 적절한 이모티콘을 연결해 보세요.

깜빡하고 미술 준비물을 준비 못했는데, 혹시 빌려줄 수 있어? · ·

우와! 내 생일을 잊지 않고 축하해줘서 고마워! · ·

버스를 놓쳐서 10분 정도 늦을 것 같아. 정말 미안해. · ·

나 이거 진짜 안 좋아해! 그만 놀려라! · ·

내일 놀이기구 몇 개 탈거야? 나 놀이기구 너무 무서운데……. · ·

상대방 표정 의미알기

❓ 내가 친구에게 말을 할 때 친구의 표정을 잘 살펴보고 내가 할 행동에 대해 적어 보세요.

내가 좋아하는 위인은 세종대왕이거든. 1397년 5월 15일에 태어나셨어. 한글뿐만 아니라 과학, 예술 문화, 국방 등 다양한 업적을 남겼는데 말이야…….

〈하품하며 지루한 표정〉

* 내가 할 행동은?

_____
_____
_____
_____

안녕, 만나서 반가워.
너 전화번호가 뭐야?

〈난감한 표정〉

* 내가 할 행동은?

_____
_____
_____
_____

너 옛날에 ㅇㅇ이 좋아했었다며? 근데 고백 안 받아줬다며? 정말 웃기다. 그러니까 왜 고백 했어ㅋㅋㅋㅋ

〈정색하는 표정〉

* 내가 할 행동은?

_____
_____
_____
_____

가족들과 외식해서 정말 좋았겠다. 나도 고기 좋아하는데 어떤 부위 먹었어? 나는 소고기에서 안심을 가장 좋아해.

〈당황한 표정〉

* 내가 할 행동은?

_____
_____
_____
_____

상대방 행동 의미알기

❓ 아래와 같은 상황에서 친구의 행동의 의미를 파악하여 내가 할 행동에 대해 적어 보세요.

〈친구들과 모여 이야기 하는 중〉

나는 일단 영어랑 국어는 당연히 100점 맞을 줄 알았고, 수학을 걱정했는데 생각보다 쉽던데? 그거 다 선생님이 미리…….

친구가 내 어깨를 톡 쳤다.

* 내가 할 행동은?
_____
_____
_____
_____

〈친구와 전화 통화 중〉

내가 그래서 일단은 문구점에 가자고 했는데 ~!@#$%^&*^ 밥을 먼저 먹자고 하는 거야~! ~~!@#$%^&*()*^그래서 내가

친구가 갑자기 말이 없다.

* 내가 할 행동은?
_____
_____
_____
_____

〈뭘 먹을지 친구들과 상의 중〉

나는 햄버거 먹고 싶어!

친구가 손바닥을 보이며 손을 들어 올린다.

* 내가 할 행동은?
_____
_____
_____
_____

〈학원에서 친구를 만나 인사 중〉

오! 너도 이 학원 다니고 있었어? 같이 다닐 수 있어 좋다!

친구가 손바닥을 보이며 손을 들어 올린다.

* 내가 할 행동은?
_____
_____
_____
_____

감정 퀴즈

행복한	외로운
망설이는	당황한
무서운	부러운
짜증난	실망한
화난	피곤한
뿌듯한	긴장한
편안한	귀찮은
어색한	불편한
두려운	만족한
놀란	귀찮은
슬픈	감동한
설렌	곤란한

2장 대인관계 기술

1. 관계의 친밀도 알기

1) 타인과 나의 관계 파악하기

✎ 목표

(1) 타인과 나의 관계를 파악하고 관계의 친밀도에 따라 적절한 사회적 거리를 알고 유지할 수 있다.

(2) 다양한 관계 속에서 긍정적 부정적 영향을 주고받는 것을 알 수 있다.

✎ 활동내용

◆ 지금의 나를 있게 해 준 사람들

(1) 내가 맺고 있는 다양한 관계와 그에 대한 내 느낌을(편안함, 친숙함, 긴장감, 불편함 등) 이야기하고, 관계에 따라 서로 다른 친밀도와 거리를 가질 수 있음을 이야기한다.

(2) 다양한 관계에서 나에게 긍정적/부정적인 영향을 준 사람들은 누가 있는지 생각한다. 예) 엄마, 담임선생님, 절친 등

(3) 사람들이 나에게 영향을 준 정도가 어느 정도인지 생각하고, 활동지를 작성한다.

- 나에게 긍정적 영향을 준 사람들(파란색 표시)
- 나에게 부정적 영향을 준 사람들(빨간색 표시)
- 나에게 미친 영향력이 작을 경우(작은 동그라미 표시)
- 나에게 미친 영향력이 클 경우(큰 동그라미 표시)

(4) 작성한 활동지를 발표한다.

(5) 활동을 정리하며 소감을 나누고, 다음 시간을 소개하며 마무리한다.

> ### 활동 TIP
>
> - 개인의 성향 및 그룹 성향에 따라서 보기를 제시하여 진행할 수 있으며, 틀만 제시하고 말로 표현하도록 지도하거나 퀴즈 형식, 그림으로 표현하기 등 자유롭게 변형하여 사용할 수 있다.

지금의 나를 있게 해 준 사람들

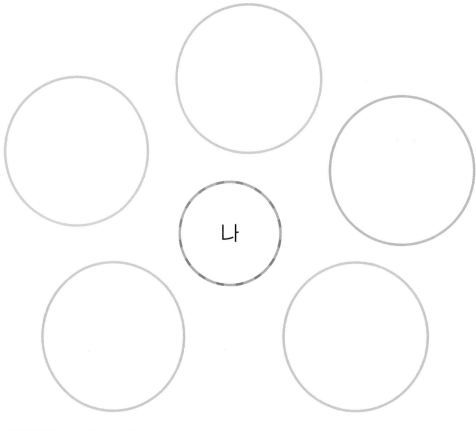

친한사람	——
안 친한 사람	- - - - - -
사이가 안 좋은 사람	～～～

- 나에게 긍정적인 영향을 준 사람은 누구인가요?

- 나에게 부정적인 영향을 준 사람은 누구인가요?

- 현재 나의 모습을 있게 한 사람 중 가장 영향력이 큰 사람은 누구인가요?

2) 사회적 거리 알기

✎ 목표

타인과 나의 관계를 파악하고 관계의 친밀도에 따라 적절한 사회적 거리를 알고 유지할 수 있다.

✎ 활동내용

◆ 너와 나의 거리

(1) 내가 생각하는 친함의 기준을 탐색하고 다양한 관계에서 지켜야 하는 적절한 사회적 거리를 생각한다.

(2) 나와의 관계에 따라 사회적 거리가 어떻게 달라지는지 생각하고 이야기한다.

(3) 달라진 사회적 거리에 따라 주의해야 하는 말과 행동에는 어떤 것이 있는지 이야기한다.

(4) 활동지를 작성하고 돌아가며 발표한다.

(5) 활동을 정리하며 소감을 나누고, 다음 시간을 소개하며 마무리한다.

활동 TIP

• [너와 나의 거리] 본 활동에 앞서 사회적 거리 개념을(대인관계의 거리) 설명하고 구체적인 예시를 제시한다.

너와 나의 거리

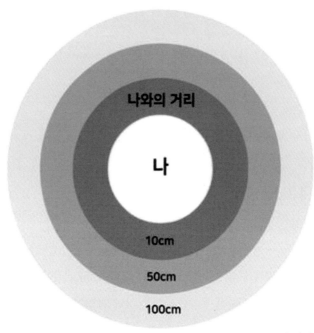

나와의 거리

나

10cm

50cm

100cm

*숫자가 커질수록 더 먼 관계

- 사회적 거리에 따라 내 말과 행동은 각각 어떻게 달라지나요?
  예) 10cm(절친과 같이 밥 먹기), 100cm(같은 반 친구와 서로 인사만 하기)

- 10cm의 관계에서는 어느 정도의 말과 행동이 허용될까요?

- 50cm의 관계에서는 어느 정도의 말과 행동이 허용될까요?

- 100cm의 관계에서는 어느 정도의 말과 행동이 허용될까요?

- 사회적 거리에 따라 주의해야 하는 말과 행동에는 어떤 것이 있을까요?

3) 서로가 생각하는 친밀도의 다름을 이해하기

✏ 목표

(1) 타인과 나의 관계를 파악하고 관계의 친밀도에 따라 적절한 사회적 거리를 알고 유지할 수 있다.

(2) 내가 맺고 있는 다양한 관계에 따라 서로 다른 친밀도와 거리를 가질 수 있음을 알 수 있다.

✏ 활동내용

◆ 나의 친구 관계 지도

(1) 내가 생각하는 친함의 기준을 탐색하고 관계에 따라 서로 다른 친밀도와 거리를 가질 수 있음을 이야기한다.

(2) 다양한 관계 안에서 내가 관심이 가고 친해지고 싶은 친구와 그렇지 않은 친구는 누구인지 생각한다.

(3) 마음에 드는 친구에게 친근하게 다가가는 방법과 친구가 부담스럽지 않도록 자연스럽게 다가갈 수 있는지 생각한다.

(4) 친구로서 나의 모습은 어떤지 생각하고 활동지를 작성 후 발표한다.

(5) 활동을 정리하며 소감을 나누고, 다음 시간을 소개하며 마무리한다.

활동 TIP

• [나의 친구 관계 지도] 친구에게 친근하게 다가가기 위한, 방법(친구가 부담스럽지 않도록 자연스럽게 다가가는 방법)의 구체적인 예시를 제시하여 활동에 대한 이해를 높일 수 있도록 한다. 예) 친구가 도움이 필요할 때 도와준다(책을 빌려준다 등).

나의 친구 관계 지도 I

내가 좋아하는 사람

나를 좋아하지만
나는 싫어하는 사람

내가 싫어하는 사람

나는 좋아하지만
나를 싫어하는 사람

서로 좋아하는 사람

서로 싫어하는 사람

나의 친구 관계 지도 II

<table>
<tr>
<td>서로 좋아하는 사람</td>
<td>나를 좋아하지만
나는 싫어하는 사람</td>
</tr>
</table>

<table>
<tr>
<td>나는 좋아하지만
나를 싫어하는 사람</td>
<td>서로 싫어하는 사람</td>
</tr>
</table>

- 어떻게 하면 친구가 부담스럽지 않도록 자연스럽게 다가갈 수 있을까요?

- 위에서 가장 마음에 드는 방법이 있나요?

- 친구로서 나의 모습은 어떤가요?

2. 의사소통기술

✎ 목표

(1) 사회적 맥락에 따라 요구되는 적절한 의사소통 태도를 알 수 있다.

(2) 의사소통 시 발생할 수 있는 문제 상황 및 갈등(의견충돌, 침묵)을 이해하고 적절히 대처할 수 있다.

✎ 활동내용

◆ 사회적 맥락 파악하기

(1) 다른 사람과 대화할 때 기분 좋았던 경험과 나빴던 경험을 이야기한다.

(2) 활동지에 주어진 상황을 보고 무슨 상황인지 파악한다.

(3) 이 상황에서 나는 어떤 태도로 이야기해야 하는지 생각한다.

(4) 사회적 맥락에 따라 요구되는 적절한 의사소통 태도는 무엇인지 이야기한다.

(5) 활동을 정리하며 소감을 나누고, 다음 시간을 소개하며 마무리한다.

◆ 상대에게 관심 표현하기

(1) 다른 사람에게 관심을 표현할 때 어려웠던 경험을 이야기한다.

(2) 활동지 안의 대상을 보고 관심을 표현하는 적절한 방법과 적절하지 않은 방법을 적는다.

(3) 적절하지 않은 방법으로 관심을 표현했을 때 어떤 문제가 발생하는지 이야기한다.

(4) 활동을 정리하며 소감을 나누고, 다음 시간을 소개하며 마무리한다.

◆ 숨은 글자 찾기

(1) 다른 사람과 대화할 때 기분 좋았던 경험과 나빴던 경험을 이야기한다.

(2) 잘 듣고 이야기하는 데 필요한 바른 태도는 무엇인지 이야기한다.

(3) 네모 칸의 낱말을 글자 숲에서 먼저 찾은 사람은 손을 들고 이야기한다.

(4) 스피드 게임으로 모든 단어를 함께 찾는다.

(5) 활동을 정리하며 소감을 나누고, 다음 시간을 소개하며 마무리한다.

활동 TIP

- 예시로 주어진 상황 이외에도 다양한 상황을 추가하여 활용할 수 있다.
- 개인의 성향 및 그룹 성향에 따라서 보기를 제시하여 진행할 수 있으며, 그림만 제시하고 말로 표현하도록 지도하거나 퀴즈 형식, 그림으로 표현하기 등 자유롭게 변형하여 사용할 수 있다.

사회적 맥락 파악하기

⊙ 아래 대화를 보고 무슨 상황인지 이야기 해 본 다음 내가 할 말과 행동에 대해 적어 보세요.

〈선생님 화난 표정〉

누가 이렇게 시끄러워?

• 나는 어떻게 말하고 행동해야 할까요?
_____
_____

〈엄마 화난 표정〉

아이고 게임 잘 하네, 밤새도록 해

• 나는 어떻게 말하고 행동해야 할까요?
_____
_____

〈친구 시무룩한 표정〉

너 그거 내가 진짜 아끼는 책인 거 알지?

• 나는 어떻게 말하고 행동해야 할까요?
_____
_____

〈친구 짜증나는 표정〉

넌 맨날 그 게임만 하니?

• 나는 어떻게 말하고 행동해야 할까요?
_____
_____

관심 표현하기

❓ 관심을 표현하는 적절한 방법과 적절하지 않는 방법을 적어 보세요.

(1) 동성친구

① 보자마자 어깨동무를 한다.

② _____

③ _____

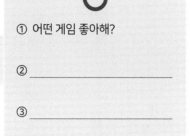

① 어떤 게임 좋아해?

② _____

③ _____

(2) 이성친구

① 예쁜 얼굴을 찍는다.

② _____

③ _____

① 옷이 잘 어울린다고 칭찬한다.

② _____

③ _____

(3) 선생님

① 선생님 어디 살아요?

② _____

③ _____

① 선생님의 이야기를 경청한다.

② _____

③ _____

숨은 글자 찾기

⑦ 글자 숲에 숨겨진 의사소통기술을 찾으세요.

바른자세	경청	사회적거리
눈맞춤	리액션	미소
목소리크기	공감	제스처

거	경	고	카	꽃	술	차	모	풍	감	타	소	공	감
프	름	봇	이	쟁	심	바	감	름	추	제	잎	년	풍
로	술	리	풍	무	하	나	른	송	시	스	가	호	코
참	액	수	샘	옹	후	투	가	자	람	처	육	빔	밤
션	감	송	괭	참	여	이	수	초	세	들	수	퐁	담
감	옹	복	람	타	카	겨	감	튜	수	라	브	소	습
초	소	송	짝	눈	일	올	기	수	미	한	남	이	순
심	소	쟁	미	맞	튜	타	알	사	미	상	목	남	수
다	본	람	사	춤	앉	바	카	타	모	든	소	사	라
크	다	남	나	꽃	수	하	미	소	나	랑	리	송	이
밤	옹	리	수	술	하	나	스	가	야	타	크	품	코
호	알	잎	밤	깨	고	수	나	송	여	하	기	김	짝
말	경	청	게	하	얼	미	구	무	굴	청	액	소	적
제	른	자	춤	크	사	회	적	거	리	거	감	션	리

1) 대화 시작하기

✎ 목표

(1) 사회적 맥락에 따라 요구되는 적절한 의사소통 태도를 알 수 있다.

(2) 대화를 시작하는 방법을 알고 적절히 활용할 수 있다.

✎ 활동내용

◆ 대화를 여는 주제, 닫는 주제

(1) 흥미 유발을 위한 〈배스킨라빈스 31〉 활동을 진행한다.

(2) 다른 사람과 대화할 때 기분 좋았던 경험과 나빴던 경험을 이야기한다.

(3) 대화를 시작하기 좋은 주제를 이야기한다.

(4) 진행자는 대화를 시작할 때 좋은 주제와 좋지 않은 주제를 활용한 말이 적힌 종이를 준비하여 상자나 주머니에 넣는다.

(5) 활동을 진행할 순서를 정한다.

(6) 순서대로 상자에서 종이를 뽑아 자신이 뽑은 말이 대화를 시작할 때 좋은 주제인지 좋지 않은 주제인지 생각한 뒤 O/X 중 적절한 곳에 붙인다.

(7) 준비된 말 종이를 모두 붙인 뒤 빈 종이에 자신이 생각하는 대화를 시작할 때 좋은 주제와 좋지 않은 주제의 말도 각각 적어 붙인다.

(8) 어떤 주제로 이야기할 때 대화를 시작하기 편한지 이야기한다.

(9) 활동을 정리하며 소감을 나누고, 다음 시간을 소개하며 마무리한다.

◆ 대화 사인 알아채기

(1) 흥미 유발을 위한 〈눈치 게임〉 활동을 진행한다.

(2) 대화를 시작하기 전 살펴봐야 하는 것은 무엇이 있는지 이야기한다.

(3) 친구가 어떤 상태일 때 대화를 시작하기 어려웠는지 자신의 경험을 이야기한다.

(4) 활동지에 제시된 친구의 표정을 보며 친구가 대화할 준비가 되어있는지, 대화를 시작해도 괜찮은 상황인지 생각한다.

(5) 대화를 할 수 있다면 어떤 질문을 하며 대화를 시작할 수 있는지 활동지에 적는다.

(6) 작성한 내용을 확인하며 그룹원과 롤플레잉 한다.

(7) 친구와 대화를 시작하기 어려운 상황이라면 어떻게 행동할 수 있는지도 롤플레잉 하며 다룬다.

(8) 활동을 정리하며 소감을 나누고, 다음 시간을 소개하며 마무리한다.

◆ 상황별 대화 시작하기

(1) 진행자는 다양한 시간 상황과 장소 상황을 제시하고 그룹원들은 어떤 상황인지 이야기한다.

(2) 상황마다 어떤 태도로 어떤 질문을 하며 대화를 시작할 수 있는지 적고, 랜덤으로 상황을 뽑아 롤플레잉 하며 자신이 적은 질문을 발표한다.

(3) 활동을 정리하며 소감을 나누고, 다음 시간을 소개하며 마무리한다.

활동 TIP

- 예시로 주어진 상황 이외에도 다양한 상황을 추가하여 활용할 수 있다.
- 개인의 성향 및 그룹 성향에 따라서 보기를 제시하여 진행할 수 있으며, 그림만 제시하고 말로 표현하도록 지도하거나 퀴즈 형식, 그림으로 표현하기 등 자유롭게 변형하여 사용할 수 있다.

대화를 여는 주제, 닫는 주제

오늘 너무 덥지 않냐

너 어제 뭐 먹고 잤어?
완전 퉁퉁 부었네
진짜 웃겨(ㅋㅋㅋ)

머리 잘랐지?

대한민국은 망했어
너는 1번이야? 2번이야?
(정치주제)

이번에 나온 마블영화 봤어?

너 키가 몇센치야?
몸무게는?

옷 새로 산거야?

안녕, 너 상괭이 알아? 서해에서 자주 발견되는 고래인데
얕은 물에 살고, 상괭이는 주둥이가 뭉툭하고 얼굴 모양이 꼭
웃는것 같아 귀여워. 나는 상괭이를 실제로 보고 싶은데…

대화 사인 알아채기

(기쁨)	• 대화를 시작할 수 있는 상황인가요? • 대화를 할 수 있다면 어떻게 시작할 수 있을까요?
(울음)	• 대화를 시작할 수 있나요? • 대화를 할 수 있다면 어떻게 시작할 수 있을까요?
(놀람)	• 대화를 시작할 수 있나요? • 대화를 할 수 있다면 어떻게 시작할 수 있을까요?
(화남)	• 대화를 시작할 수 있나요? • 대화를 할 수 있다면 어떻게 시작할 수 있을까요?
(신남)	• 대화를 시작할 수 있나요? • 대화를 할 수 있다면 어떻게 시작할 수 있을까요?
(졸림)	• 대화를 시작할 수 있나요? • 대화를 할 수 있다면 어떻게 시작할 수 있을까요?
(궁금)	• 대화를 시작할 수 있나요? • 대화를 할 수 있다면 어떻게 시작할 수 있을까요?
(슬픔)	• 대화를 시작할 수 있나요? • 대화를 할 수 있다면 어떻게 시작할 수 있을까요?

상황별 대화 시작하기

<새 학년 첫날 상황>

<시험 끝나는 날 상황>

<2학기 개학식 날 상황>

<학교가 아닌 장소에서 친구 만난 상황>

<친구에게 메시지 보내는 상황>

<먼저 대화하고 있는 사이에
참여하는 상황>

2) 대화 유지하기

✎ 목표

(1) 사회적 맥락에 따라 요구되는 적절한 의사소통 태도를 알 수 있다.

(2) 대화를 유지하는 방법을 알고 적절히 활용할 수 있다.

✎ 활동내용

◆ 대화할 때 좋은 태도는?

(1) 팀을 나누어 진행자의 질문에 팀원 모두가 같은 대답을 외쳐야 하는 〈이구동성 게임〉 활동을 진행하여 흥미를 유발한다(질문 예시: 좋아하는 계절은?, 좋아하는 요일은?, 피자 vs 치킨?, 강아지 vs 고양이? 등 다양한 주제로 질문할 수 있다).

(2) 대화할 때 신경 써야 하는 태도는 무엇이 있는지 이야기한다.

(3) 대화할 때 좋은 태도를 생각하고, 활동지를 작성한다.

(4) 작성한 활동지를 발표한다.

(5) 자신이 연습해야 하는 부분을 생각하며 그룹원과 대화 상황을 롤플레잉하고 스스로 평가한다.

(6) 활동을 정리하며 소감을 나누고, 다음 시간을 소개하며 마무리한다.

◆ 리액션 왕

(1) 대화를 유지하기 위해 어떤 태도가 필요한지 이야기한다.

(2) 같은 주제로 이야기하는 부분을 다룬 뒤 활동지를 작성한다.

(3) 친구의 말에 대화를 유지할 수 있는 반응, 질문을 적고 발표한다.

(4) 활동을 정리하며 소감을 나누고, 다음 시간을 소개하며 마무리한다.

◆ 메신저 대화 수정하기

(1) 메신저 대화에서 기분 좋았던 경험과 나빴던 경험을 이야기한다.

(2) 활동지의 메신저 대화 내용을 보고 적절하지 않은 부분을 찾아 수정한다.

(3) 문자, 메신저로 대화 시 대화 유지하거나 마무리해야 하는 상황을 이야기한다.

(4) 활동을 정리하며 소감을 나누고, 다음 시간을 소개하며 마무리한다.

활동 TIP

- 예시로 주어진 상황 이외에도 다양한 상황을 추가하여 활용할 수 있다.
- 개인의 성향 및 그룹 성향에 따라서 보기를 제시하여 진행할 수 있으며, 그림만 제시하고 말로 표현하도록 지도하거나 퀴즈 형식, 그림으로 표현하기 등 자유롭게 변형하여 사용할 수 있다.

대화할 때 좋은 태도는?

❓ 다음 보기 중 대화할 때 좋은 태도를 골라 표시하세요.

표정	대화 내내 활짝 웃는다	상대의 표정을 살피며 비슷한 표정을 짓는다
시선	말하는 사람의 얼굴을 쳐다본다	위를 올려다 본다
머리	고개를 끄덕이며 맞장구 친다	주변을 계속 두리번 거린다
몸	팔짱을 끼고 비스듬히 앉는다	상대방을 마주하고 상대방 쪽으로 몸을 살짝 기울인다
목소리	상대에게 잘 들리게 매우 큰 목소리로 말한다	적당한 목소리로 상대의 말에 맞장구 친다

- 위에서 고른 대화할 때 좋은 태도 중 자신이 잘하는 태도는 무엇이고, 연습해야 하는 태도는 무엇인지 적어 보세요.

- 내가 경험한 기분이 좋았던 상대의 태도, 기분이 나빴던 상대의 태도를 적어 보세요.

친구 이야기에 반응하기

이번 여름방학 너무 기대돼

아 심심하다 재미있는 일 없나

너무 졸려

나 어제 새로운 게임 해봤어

리액션 왕

나 손절당했어

_____

나 좋아하는 사람 생겼어

_____

아 망했다…….

_____

나 우울해서 빵 샀어

_____

메신저 대화 수정하기

② 메시지 내용을 보고 더 적절한 내용으로 바꿔 보세요.

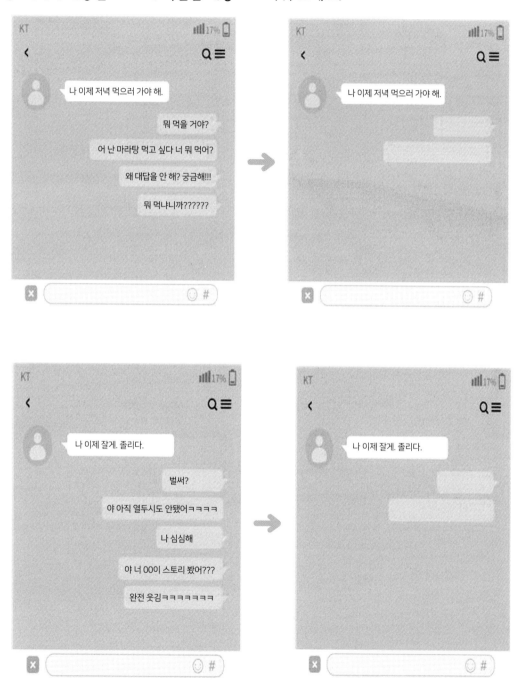

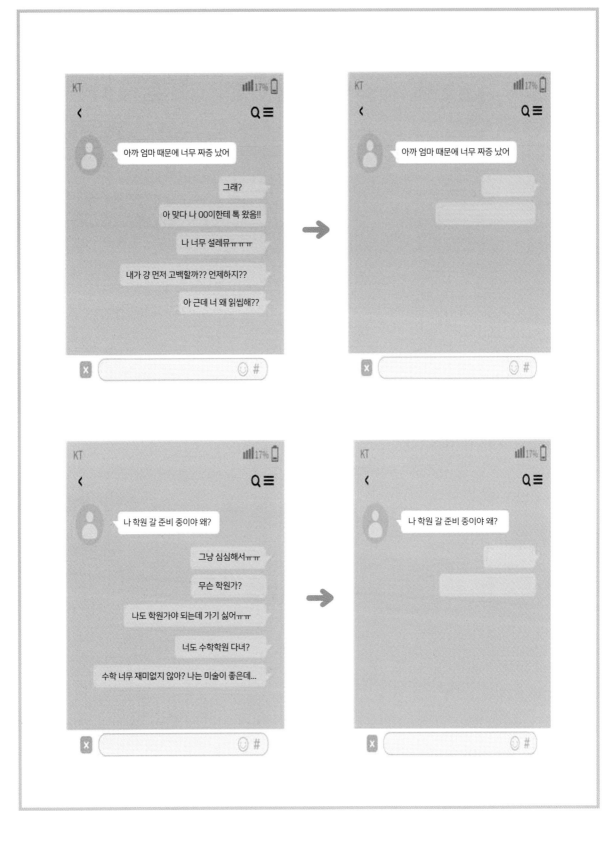

3) 대화 마무리하기

🖊 목표

(1) 사회적 맥락에 따라 요구되는 적절한 의사소통 태도를 알 수 있다.

(2) 대화를 마무리하는 방법을 알고 적절히 활용할 수 있다.

🖊 활동내용

◆ 대화 마무리하기 (메신저 편)

(1) 메신저 대화에서 대화를 그만하고 싶을 때 어떤 방법을 사용하는지 이야기한다.

(2) 친구가 메신저에서 '응ㅋㅋㅋ', 'ㅋㅋㅋ', '아하' 등의 표현을 반복해서 하는 것은 어떤 의미인지 생각하고 활동지에 제시된 상황에 적절한 반응을 적어 보며 대화를 마무리하는 방법을 연습한다.

(3) 활동을 정리하며 소감을 나누고, 다음 시간을 소개하며 마무리한다.

◆ 대화 마무리하기 (실제 상황 편)

(1) 친구와의 대화를 끝내야 하는 상황을 이야기한다.

(2) 대화를 마무리하는 방법을 생각하고 활동지를 작성한다.

(3) 작성한 활동지를 발표하며 대화를 마무리할 때 주의해야 하는 점도 함께 이야기한다.

(4) 활동을 정리하며 소감을 나누고, 다음 시간을 소개하며 마무리한다.

활동 TIP

• 예시로 주어진 상황 이외에도 다양한 상황을 추가하여 활용할 수 있다.

• 개인의 성향 및 그룹 성향에 따라서 보기를 제시하여 진행할 수 있으며, 그림만 제시하고 말로 표현하도록 지도하거나 퀴즈 형식, 그림으로 표현하기 등 자유롭게 변형하여 사용할 수 있다.

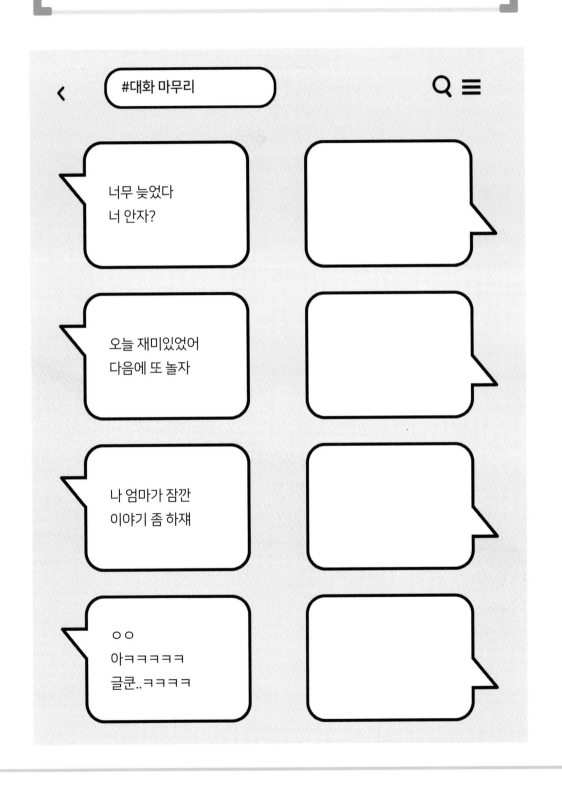

대화 마무리하기

❓ 대화를 마무리해야 하는 상황은 어떤 것이 있을까요?(예: 쉬는 시간이 끝났다)

❓ 대화를 마무리하며 할 수 있는 말을 말풍선 안에 적어 보세요.

❓ 대화를 끝낼 때 주의해야 하는 부분을 생각하고 이야기해 보세요.

4) 의견 수용하고 침묵 다루기

✎ 목표

(1) 사회적 맥락에 따라 요구되는 적절한 의사소통 태도를 알 수 있다.

(2) 의사소통 시 발생할 수 있는 문제 상황 및 갈등(의견충돌, 침묵)을 이해하고 적절히 대처할 수 있다.

✎ 활동내용

◆ 의견 수용하고 조율하기

(1) 친구와 의견이 달랐던 경험을 이야기한다.

(2) 의견이 다른 상황에 대해 어떻게 대처하면 좋을지 이야기한다.

(3) 활동지 작성 후 단계에 맞춰 예시 상황들을 직접 연습한다.

(4) 활동을 정리하며 소감을 나누고, 다음 시간을 소개하며 마무리한다.

◆ 침묵 상황 구분하기

(1) 경험해 본 침묵 상황과 그 상황에서 어떻게 대처했는지 이야기한다.

(2) 활동지에 있는 상황에서 어떻게 행동할지 이야기한다.

(3) 활동을 정리하며 소감을 나누고, 다음 시간을 소개하며 마무리한다.

활동 TIP

• 예시로 주어진 상황 이외에도 다양한 상황을 추가하여 활용할 수 있다.

• 개인의 성향 및 그룹 성향에 따라서 보기를 제시하여 진행할 수 있으며, 그림만 제시하고 말로 표현하도록 지도하거나 퀴즈 형식, 그림으로 표현하기 등 자유롭게 변형하여 사용할 수 있다.

의견 수용하고 조율하기

❓ 친구와 나의 의견이 다를 때 적절한 대화 방법을 적어 보세요.

- 나는 <할리갈리>를 하고 싶은데 주리는 <BANG!>을 하자고 한다. 나는 <BANG!>을 해본 적이 없어서 규칙을 모른다.

① 일단 친구의 의견을 끝까지 들어 본다.
② 잠깐의 시간 동안 내 생각을 정리한다.
③ 나의 의견은?

_____

④ 내가 수용하고 조율할 수 있는 부분은?

_____

- 나는 승비랑 둘이 밥을 먹기로 했는데 갑자기 주리가 나에게 밥을 먹자고 한다.

① 일단 친구의 의견을 끝까지 들어 본다.
② 잠깐의 시간 동안 내 생각을 정리한다.
③ 나의 의견은?

_____

④ 내가 수용하고 조율할 수 있는 부분은?

_____

- 내일 현장학습체험 장소에 승비랑 지하철을 타고 가기로 했는데 주리가 갑자기 버스를 타고 같이 가자고 한다.

① 일단 친구의 의견을 끝까지 들어 본다.
② 잠깐의 시간 동안 내 생각을 정리한다.
③ 나의 의견은?

_____

④ 내가 수용하고 조율할 수 있는 부분은?

_____

침묵 상황 구분하기

⊙ 침묵 상황에서 사회적 맥락을 파악하여 내가 할 행동을 적어 보세요.

먼저 발표해 볼 사람?

...

선생님

아무도 대답하지 않고
시선을 피하는 상황

* 내가 할 행동은?

_____

_____

_____

_____

펭귄이 다니는 고등학교가
뭔 줄 알아? 냉장고~

...

친구

재미없다는 표정

* 내가 할 행동은?

_____

_____

_____

_____

자꾸 떠드는 학생들 때문에
수업 진도도 못 나가고 다른
친구들도 다 피해 보잖아.

...

화난 선생님

무표정 친구들

* 내가 할 행동은?

_____

_____

_____

_____

이번 시험 완전 망쳤어. 엄마한테
혼날 것 같은데 어떡하지?

...

슬픈 표정 친구

걱정하는 친구들

* 내가 할 행동은?

_____

_____

_____

_____

3. 자기주장훈련

✏ 목표

(1) 올바른 자기주장적 태도를 알 수 있다.

(2) 자기주장이 필요한 상황을 알고 적절히 자기주장을 할 수 있다.

✏ 활동내용

◆ 자기주장적·소극적·공격적 행동 구분하기 - O/X 퀴즈

* 준비물: O/X 팻말

(1) 자기주장이란 무엇이고 자기주장적 태도는 어떤 것인지 이야기하고 오해를 점검한다. (자기주장적/소극적/공격적 태도 구분하기)

(2) 진행자가 읽어 주는 활동지 내용을 듣고 O/X 팻말로 답을 표시한다.

(3) 정답을 모두 맞힌 사람이 있는지 확인하고, 각자 어떤 문제에서 답을 틀렸는지 이야기한다.

(4) 각각의 내용을 다시 한번 확인하며 자기주장적, 소극적, 공격적 행동에 대한 오해를 점검하고 각각의 특성을 이해한다.

(5) 활동을 정리하며 소감을 나누고, 다음 시간을 소개하며 마무리한다.

◆ 자기주장적·소극적·공격적 행동 구분하기 - 도전 골든벨!

* 준비물: 미니칠판, 보드마카, 지우개

(1) 자기주장이란 무엇이고 자기주장적 태도는 어떤 것인지 이야기하고 오해를 점검한다. (자기주장적/소극적/공격적 태도 구분하기)

(2) 각자의 칠판을 이름, 활동과 관련한 개인 목표 등의 내용을 포함하여 자유롭게 꾸민다.

(3) 제시하는 상황과 반응을 듣고 해당 반응이 어떤 행동인지 생각하는 답을 적고, 문제의 정답과 점수를 확인한다.

(4) 제시된 지문 가운데 소극적, 공격적 반응을 어떻게 자기주장적으로 바꿀 수 있는지 이야기한다. 객관식 문항의 경우 각 보기가 어떤 행동이라고 생각하는지 이야기한다.

(5) 활동을 정리하며 소감을 나누고, 다음 시간을 소개하며 마무리한다.

◆ 나는 자기주장적으로 말할 수 있어요! - 자기주장 롤플레잉

(학교 상황, 일반적 상황, 나의 실제 경험)

(1) 자기주장이 어려운 상황을 자신의 경험을 떠올려 이야기한다.

(2) 제시된 상황에서 보일 수 있는 자기주장적 행동을 생각하고, 각자 활동지를 작성한다. 자신의 실제 경험을 회상하여 적는 경우, 자신의 행동과 당시의 결과를 회상하고, 배운 내용을 토대로 더 적절한 행동을 생각한다.

(3) 자기주장적으로 행동하기에 자신이 어렵게 느껴지는 상황은 어떤 상황인지 이야기하고, 각자 작성한 활동지의 내용을 상황별로 몇 가지 선택하여 발표한다.

(4) 각자 서로 다른 한 가지 상황을 선택하여 작성한 내용을 바탕으로 롤플레잉한다.

(5) 자기주장을 해보는 경험을 통해 느낀 어려움을 이야기하고, 보다 효과적이고 적절한 반응을 함께 고민하며 서로 다른 대안을 공유한다.

(6) 활동을 정리하며 소감을 나누고, 다음 시간을 소개하며 마무리한다.

활동 TIP

- 활동에 앞서, 각자 자신이 자기주장적/소극적/공격적 태도 중 어디에 속한다고 생각하는지 질문을 통해 각각의 태도를 가진 생각을 점검하고 이후의 활동을 위한 촉진이 이루어질 수 있다.
- 활동 마무리 시, 자신의 의사소통 유형을 이해할 수 있도록 돕고 앞으로 노력해 볼 수 있는 행동과 방향을 이야기해 볼 수 있다.
- O/X 퀴즈 활동 시에는 정적으로만 진행하기보다 O/X 각각의 구역을 정하고 선택하여 이동하는 방식으로 진행하는 등 동적인 요소를 더하여 흥미를 높일 수 있다.
- 롤플레잉 진행 시, 그룹원이 서로 상대 역할을 해주는 등 그룹 전체의 참여가 이루어질 수 있도록 함으로써 간접적으로도 다양한 상황을 경험해 볼 수 있다.

자기주장적·소극적·공격적 행동 구분하기 - O/X 퀴즈

자기주장적? 소극적? 공격적? O/X

① 자기주장적으로 말하는 것은 크고 강하게 말하는 것이다. (X)

② 소극적인 사람은 상대방에 대한 배려심이 높기 때문이다. (X)

③ 자기주장적 행동은 노력하지 않아도 어른이 되면서 자연스럽게 할 수 있는 것이다. (X)

④ 공격적인 사람은 자신의 마음에 솔직한 것이다. (X)

⑤ 소극적인 사람은 자신의 권리를 침해받아도 말을 하지 못하고 참는다. (O)

⑥ 어떤 상황에서든 자기주장은 해야 한다. (X)

⑦ 자기주장적으로 말하는 사람과 공격적으로 말하는 사람의 공통점은 자기표현을 할 수 있다는 것이다. (O)

⑧ 자기주장적으로 말을 하면 상대방이 내 말을 다 들어준다. (X)

⑨ 갈등을 피하기 위해 공격적인 것 보다는 소극적인 것이 더 낫다. (X)

⑩ 자기주장적으로 말하는 사람은 자신의 마음을 솔직하게 표현하지만 상대방에게 상처를 주지 않는다. (O)

자기주장적·소극적·공격적 행동 구분하기 - 도전 골든벨!

상황	반응	정답
보고 싶었던 TV프로그램이 있어 이제 막 보려고 하는데 외출에서 돌아오신 엄마가 그만 보고 공부하라고 말씀하신다.	"후……. 맨날 공부하란 소리……. 이것만 보고 할 거예요!!"라며 언성을 높인다.	(공격적)
수업이 끝나고 피곤한데 친구가 놀러 가자고 한다.	"미안하지만 오늘은 내가 너무 피곤해서, 다음에 놀자."	(주장적)
친구가 내 물건을 허락도 없이 가져다 쓰는 바람에 한참을 찾았는데, 아무런 설명이나 사과도 없이 물건을 돌려준다.	"그것도 모르고 한참을 찾았는데 어이가 없네."라며 중얼거린다.	(소극적)
지하철에서 옆 사람이 가방으로 자꾸 어깨를 친다.	"저, 가방이 계속 부딪히는데요."라며 조심스럽게 이야기한다.	(주장적)
시험 때마다 노트필기를 빌리는 친구가 이번에도 필기를 빌려달라고 한다.	"넌 수업 시간에는 필기도 하지 않다가 시험 때만 되면 진짜 뻔뻔하구나."	(공격적)

상황	모둠활동 시, 내가 맡은 역할이 다른 친구들보다 훨씬 많은 것 같다.
반응	① "나는 이렇게 많이 하는데 너희는 이거밖에 안 한다고?" ② "아오, 내가 잘하니까 참는다!!" ③ 불공평하다며 선생님께 가서 이야기한다. ④ "내가 맡은 역할이 너무 많은 것 같아. 이런 부분은 함께하거나 역할분배를 다시 하면 좋겠어." ★

나는 자기주장적으로 말할 수 있어요! (1) 학교 상황

① 힘들게 한 숙제를 친구가 보여 달라고 한다.

② 친구와 이야기 중에 다른 친구가 끼어들며 대화를 가로막는다.

③ 모둠숙제를 해오지 않은 친구가 웃으며 미안하다고 말한다.

④ 뒷자리에 앉은 친구가 의자를 발로 차며 장난을 친다.

⑤ 학급 활동에서 내가 정말 하기 싫은 역할을 맡으라고 한다.

나는 자기주장적으로 말할 수 있어요! (2) 일반적 상황

① 식당에서 주문한 것과 다른 음식이 나왔다.

② 버스에서 미처 내리기도 전에 문이 닫혀버렸다.

③ 영화관에서 내 자리에 다른 사람이 앉아 있다.

④ 가게에서 구입한 물건의 하자를 뒤늦게 발견했다.

⑤ 어떤 사람이 전화통화를 하며 문을 막고 서 있다.

나는 자기주장적으로 말할 수 있어요! (3) 실제 경험 재구성

① 언제 어디에서 누구와 무슨 일이 있었나요?

- 상황

- 나는 어떻게 했나요?

- 그 결과는 무엇이었나요?

- 어떻게 주장할 수 있을까요?

② 언제 어디에서 누구와 무슨 일이 있었나요?

- 상황

- 나는 어떻게 했나요?

- 그 결과는 무엇이었나요?

- 어떻게 주장할 수 있을까요?

4. 사귀기 기술(또래)

1) 또래 문화 알고 배우기

✏️ 목표

다양한 사귀기 기술을 알고 상황에 맞게 적절하게 사용하여 긍정적인 또래 관계를 형성할 수 있다.

✏️ 활동내용

◆ 유행 퀴즈-질문 ver. 질문 젠가 게임

(1) 각자 알고 있는 유행어, 유행을 자유롭게 이야기한다.

(2) 활동 시작 전, 기본 규칙을 사전 구조화한다.

- 그룹원들이 인정한 정답이라면 젠가를 위로 올리고 차례를 넘긴다.
- 대답하지 못할 경우, 밀어낸 젠가는 위로 올리고 대답을 할 때까지 차례를 넘기지 못한다.
- 나의 선호와 관계없이 요즘 친구들의 문화로 대답해야 한다.
- 같은 질문의 젠가를 뽑았을 경우, 같은 대답의 인정 여부는 그룹원들과 논의한다.

(3) 정해진 순서대로 게임을 진행한다.

(4) 새롭게 알게 됐거나 하고 싶은 또래 문화가 있는지 이야기한다.

(5) 개인적인 취향과 또래 문화는 다를 수 있다는 것을 알고 또래들과 어울리기 위해서 자신의 선호 활동이 아니더라도 경험한다.

(6) 활동을 정리하며 소감을 나누고, 다음 시간을 소개하며 마무리한다.

◆ 유행 퀴즈-답 ver. 신조어(초성 게임)

(1) 각자 알고 있는 유행어, 유행을 자유롭게 이야기한다.

(2) 활동 시작 전, 기본 규칙을 사전 구조화한다.

- 먼저 이름을 말하면 대답할 수 있고, 참여자 모두에게 한 번의 기회가 주어진다.
- 탈락한 경우, 힌트가 될 수 있으니 더는 말하지 않는다.

(3) 진행자는 준비한 초성을 보여 주며 규칙에 따라 진행한다.

(4) 새롭게 알게 됐거나 하고 싶은 또래 문화가 있는지 이야기한다.

(5) 또래 문화와 신조어를 무조건 따를 필요는 없으나, 또래를 이해하고 어울리기 위해 시도해 보는 것은 좋은 경험임을 안다.

(6) 활동을 정리하며 소감을 나누고, 다음 시간을 소개하며 마무리한다.

활동 TIP

- 개별 진행 시, 레크리에이션 활동도 축소하여 진행할 수 있다.

- [유행 퀴즈] 진행자는 바르게 변화하는 유행을 알고, 옳고 그른 유행을 선별하여 활동을 진행하여야 한다.

- [유행 퀴즈-질문 ver] 참여자가 직접 질문을 작성할 수 있으며, 정답은 여러 개가 될 수 있고 내가 모르는 유행이 있을 수도 있다는 것을 이해할 수 있도록 한다. 질문지를 접어 상자에 넣어 진행할 수도 있다.

- [유행 퀴즈-답 ver. 신조어] 참여자가 직접 작성한 것으로 진행하거나 진행자가 준비한 것에 추가하여 작성하여 참여도를 높일 수 있다. 사진 확대 샷 맞추기, 이구동성, 그림 이어 그리기, 그림으로 말해요. 등 다양한 레크리에이션 방법으로 진행할 수 있다.

- [신조어 퀴즈] 버카충-버스 카드 충전 / 반모-반말 모드 / 구취-구독 취소 / 스불재-스스로 불러온 재앙 / 무물-무엇이든 물어보세요 / 비활탄다-SNS 비활성화 한다(잠수탄다) / 설참-설명 참고 / 중꺾마-중요한 것은 꺾이지 않는 마음 / 억텐-억지 텐션 / 농협은행-너무 예쁘네 / ㄱㅂㅈㄱ-가보자고 / ㅇㄱㄹㅇ-이거레알(이거 진짜) / 왕위계승-킹받는다(열 받는다) / 스카-스터디 카페 / 갓생-모범적인 인생 / 이선좌-이미 선택된 좌석 / 드르륵 칵-편의점 의자 / 좋댓구알-좋아요 댓글 구독 알림설정 / 나일리지-나이+마일리지(꼰대) / 희연사-희귀 연예인 사진

유행 퀴즈 – 질문 ver.

핫한 연예인	인기 있는 드라마
인기 있는 영화	유행하는 캐릭터
핫한 카페	인기 있는 영상
많이 하는 게임	요즘 인싸템
많이 먹는 음식	유행하는 신발
유행하는 놀거리	유행하는 패션 아이템
핫한 브랜드	요즘 밈
요즘 유행어	인기 있는 유명인
유행하는 챌린지	
핫한 연예인	

유행 퀴즈-답 ver.

마라탕	인생네컷
다꾸	포카
버블티	아이브
르세라핌	페메
눕시	폰꾸
투바투	푸바오
슬릭백	페이커
뉴진스	탕후루
라이즈	쿠로미
굿즈	모루인형

신조어 퀴즈

버카충	반모
구취	스불재
무물	비활탄다
설참	중꺾마
억텐	농협은행
ㄱㅂㅈㄱ	ㅇㄱㄹㅇ
왕위계승	스카
갓생	이선좌
드르륵 칵	좋댓구알
나일리지	희연사

2) 활동, 놀이에 초대하기

🖉 목표

다양한 사귀기 기술을 알고 상황에 맞게 적절하게 사용하여 긍정적인 또래 관계를 형성할 수 있다.

🖉 활동내용

◆ 함께 놀자고 제안해요(O/X 퀴즈 & O/X 미로 찾기).

* 준비물: O/X 깃발

(1) 요즘 가까워지고 싶은 또래가 있는지, 있다면 그 이유를 이야기한다.

(2) 친구에게 같이 놀자고 말하고 싶을 때 제일 걱정되는 부분은 무엇인지 생각한다.

(3) 친구와 함께 놀이하고 싶을 때 어떻게 말하면 좋을지 생각한다.

(4) O/X 퀴즈에 참여한다.

- 진행자가 읽어 주는 내용을 듣고 O/X 깃발이 있는 곳으로 달려가서 정답이라고 생각하는 깃발을 뽑는다.

(5) 활동을 정리하며 소감을 나누고, 다음 시간을 소개하며 마무리한다.

◆ 우리 같이 놀자!(초등학생용 – 그림 말풍선 채워 넣기)

(1) 요즘 가까워지고 싶은 또래가 있는지, 있다면 그 이유를 이야기한다.

(2) 친구와 같이하고 싶은 것이 있는지 생각하고 친구와 같이하고 싶은 것이 있을 때 어떻게 말할 수 있는지 이야기한다.

(3) 활동지를 작성하고 발표한다.

(4) 활동을 정리하며 소감을 나누고, 다음 시간을 소개하며 마무리한다.

◆ 우리 같이 놀자!(청소년용 – 역할극)

(1) 친구와 관계를 맺기 위해 자신이 시도했던 것을 이야기하고 친구와 관계를 맺고 유지하면서 자신에게 어려운 부분은 어떤 것이 있는지 이야기한다.

(2) 친구와 같이하고 싶은 것이 있는지, 평소 친구와 함께 놀고 싶을 때 어떻게 말하는 편인지 생각한다.

(3) 친구들과 놀 때 좋은 점과 싫은 점(걱정되는 점)을 생각하고 친구들에게 나랑 같이 놀자고 하고 싶을 때 할 수 있는 말을 이야기한다.

(4) 활동지를 작성하고 그룹원과 2인 1조가 되어 발표한다.

• 서로 상대역이 되어주며 자신이 작성한 부분을 이야기한다.

(5) 활동을 정리하며 소감을 나누고, 다음 시간을 소개하며 마무리한다.

활동 TIP

• [함께 놀자고 제안해요] 초등학생을 대상으로 O/X 퀴즈를 진행할 때 소정의 상품(사탕 등)을 제공하며 참여에 대한 동기를 높일 수 있다.

• [함께 놀자고 제안해요] 다칠 수 있으므로 깃발을 뽑는 것에 집착하지 않도록 제한한다. 미취학이나 저학년일 경우, 앞쪽에 O/X 팻말을 세우고 움직이는 방식으로 진행할 수 있다.

• [우리 같이 놀자] 말풍선을 채워 넣을 때 적절하지 않은 반응에는 무엇이 있는지, 그 말이 왜 적절하지 않은지도 함께 생각해 볼 수 있도록 지도한다.

친구와 함께 놀이하고 싶을 때는?

① 친구가 지금 뭘 하고 있는지 살펴본다.	O / X

② 게임이 너무 재미있어서 지금 당장 하자고 한다.	O / X

| ③ 하던 일이 있으면 끝날 때까지 기다린다. | O / X |

| ④ 화난 얼굴로 나랑 같이 놀자고 한다. | O / X |

| ⑤ 내가 하고 싶은 게임을 들고 무작정 친구에게 다가간다. | O / X |

| ⑥ 친구가 거절하면 같이 놀 수 있는 다른 친구를 찾는다. | O / X |

| ⑦ 그냥 가서 친구의 팔을 잡아 끈다. | O / X |

함께 놀자고 제안해요 (O/X 미로찾기)

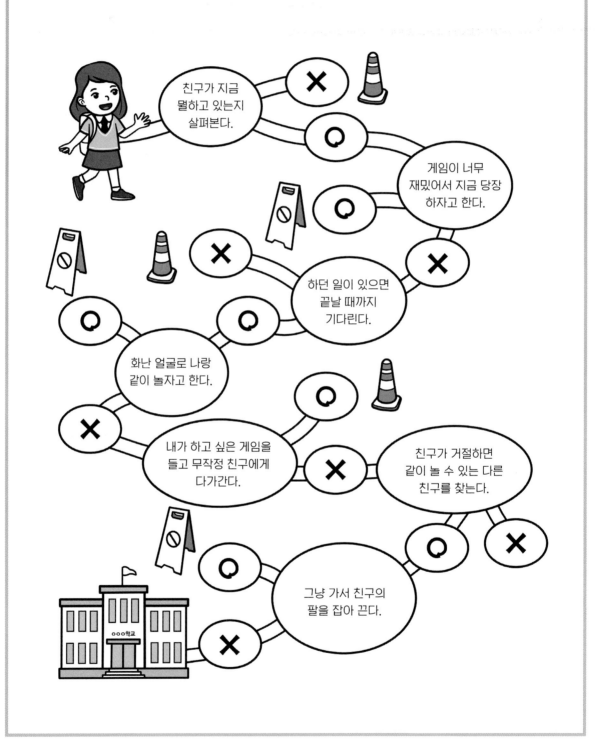

우리 같이 놀자! (초등학생용)

② 친구랑 같이 놀고 싶을 땐 어떻게 해야 할까요? 말풍선에 들어갈 말을 적어 보세요.

우리 같이 놀자! (청소년용) Ⅰ

- 친구들과 함께 놀 때의 좋은 점, 싫은 점이 무엇인지 적어 보세요.

- 친구들과 같이 놀고 싶을 때 할 수 있는 말들을 생각해 보세요.

점심시간, 나는 친구들과 놀기 위해 점심을 빨리 먹고 교실에 들어왔다. 교실에는 이미 점심을 먹고 온 친구들이 모여 함께 웃으며 이야기를 하고 있다.

나: (사물함에서 보드게임을 꺼내오며) _____

친구 1: (보드게임을 발견하고는) 어?! 그거 뭐야?

나: _____

친구 2: 대박! 완전 재밌겠다.

나: _____

친구 1, 2: 나도 할래!

나: _____

우리 같이 놀자! (청소년용) Ⅱ

- 친구들과 함께 놀 때의 좋은 점, 싫은 점이 무엇인지 적어 보세요.

- 친구들과 같이 놀고 싶을 때 할 수 있는 말들을 생각해 보세요.

나는 친구와 놀기 위해 점심을 빨리 먹고 교실에 들어왔다.
그런데 친구는 책상에 앉아 열심히 숙제를 하고 있는 중이다.

나: _____

친구: 나 지금 숙제를 해야 하는데...

나: _____

친구: 10분 정도면 끝나!

나: _____

친구: 그래 좋아!

나: _____

3) 진행 중인 활동에 참여하기

✎ 목표

다양한 사귀기 기술을 알고 상황에 맞게 적절하게 사용하여 긍정적인 또래 관계를 형성할 수 있다.

✎ 활동내용

◆ 놀이에 참여하기 기술

(1) 놀이에 참여하기 위해 시도했던 것을 이야기하고 어려운 부분은 어떤 것이 있는지 이야기한다.

(2) 활동지의 내용을 함께 생각하고, 자신이 생각한 내용이 있다면 이야기한다.

(3) 단계 중 가장 어렵다고 생각하는 단계를 생각하고, 어떻게 연습할 수 있는지 이야기한다.

(4) 친구에게 어떻게 물어볼지 작성하고 단계에 맞는 롤플레잉을 진행한다.

(4-1) (개별 롤플레잉) 치료자가 게임을 하고 있던 친구 역할을 하여 활동지 단계에 따라 연습한다.

(4-2) (그룹 롤플레잉) 그룹원 모두 참여자가 되어 게임을 진행하고 있고, 한 명씩 활동지 전체 단계 또는 연습하고 싶은 단계를 연습한다.

(5) 활동을 정리하며 소감을 나누고, 다음 시간을 소개하며 마무리한다.

활동 TIP

• [놀이에 참여하기 기술] 그룹 롤플레잉 진행 시, 수락과 거절 두 가지의 경우 모두 연습할 수 있도록 하고, 다양한 역할을 해볼 수 있도록 한다. 또한, 그룹원들이 경험한 실제 상황 또는 정해진 현실적인 표현으로 진행하여 참여도를 높일 수 있다.

놀이에 참여하기 기술

❓ 친구들이 재미있게 놀고 있는 상황에 참여하고 싶어요. 뭐라고 말할까요?

1 놀이 상황을 살펴보고 인사한다.

· 게임 중간인지, 끝나 가는지 보기
· 전체적으로 인사하고, 게임에 집중하느라 반응을 못 할 수도 있다는 것 알기
· 경우에 따라 생략하기

2 게임이 잠깐 멈출 때까지 기다린다.

· 물어볼 타이밍 선택
· 주사위를 던지는 상황

3 물어볼 사람을 선택한다.

· 이 게임 도구의 주인 ("이 게임 누구 거야?")
· 나에게 호의적인 친구
  (나를 보고 웃어 줬던 친구, 인사를 받아 준 친구, 놀이에 잘 끼워 주는 친구)

4 참여해도 되는지 물어본다.

· 진행에 방해가 되지 않도록 물어볼 친구 옆에 가서 작은 목소리로 말하기
· 게임이 끝나간다면 다음 판부터 참여하고 싶다고 이야기하기
· _____

5 거절당했을 경우, 다른 친구나 놀이를 찾아본다.

· 감정적으로 대응하지 않고, 다음에 자신이 할 수 있는 것을 찾아보기

4) 칭찬하는 기술 배우기

✏️ 목표

(1) 다양한 사귀기 기술을 알고 상황에 맞게 적절하게 사용하여 긍정적인 또래 관계를 형성할 수 있다.

(2) 칭찬의 의미를 알고 또래 관계에서 적절한 칭찬을 주고받을 수 있다.

✏️ 활동내용

◆ 칭찬 연습하기

(1) 들었을 때 기분 좋은 말, 친구를 칭찬할 때 사용하면 좋은 단어 등 주어진 주제와 관련된 단어를 10초 안에 빠르게 이야기하는 10초 게임을 통해 흥미를 유발한다(말해야 하는 단어의 개수는 주제 난이도에 따라 진행자가 3개 혹은 5개 등으로 정할 수 있다).

(2) 좋아하는 친구에게 감정을 표현하는 다양한 방식을 생각하고 이야기한다.

(3) 기분 좋았던 칭찬과 불쾌했던 칭찬의 경험을 생각하고 그때에 기분을 이야기한다.

(4) 활동지를 작성한 다음 내용을 확인하며 칭찬하는 상황을 롤 플레잉 한다.

(5) 친구를 칭찬할 때 좋았던 부분과 어려웠던 부분, 다른 사람을 칭찬했을 때 드는 기분을 이야기한다.

(6) 활동을 정리하며 소감을 나누고, 다음 시간을 소개하며 마무리한다.

◆ 칭찬 도장 만들기

(1) 자신이 받았던 칭찬 중 좋았던 말을 생각하고 좋았던 칭찬 중 하나를 골라 칭찬 도장을 만든다.

(2) 자신의 칭찬 도장을 소개하며 언제 이런 칭찬을 받았는지, 칭찬을 받았을 때 기분은 어땠는지, 자신의 칭찬 도장을 주고 싶은 그룹원이 있는지 이야기한다.

(3) 활동을 정리하며 소감을 나누고, 다음 시간을 소개하며 마무리한다.

◆ 칭찬 롤링페이퍼

(1) 칭찬을 받았을 때 자신은 어떻게 반응하는지, 어떤 반응이 적절할지 생각한다.

(2) 그룹원들의 좋은 점을 생각하면서 칭찬 롤링페이퍼를 작성한다.

(3) 자신의 롤링페이퍼를 보며 칭찬받았을 때 드는 기분을 이야기하고 가장 마음에 드는 칭찬을 선택해 소개한다.

(4) 롤링페이퍼를 쓰며 친구를 칭찬했을 때 드는 기분에 대한 소감을 나누고, 다음 시간을 소개하며 마무리한다.

활동 TIP

• [칭찬 릴레이] 장난스럽게 적거나 행동하지 않고 진지하게 참여할 수 있도록 사전 구조화한다.

칭찬 연습하기

① 칭찬 받았을 때 어떤 기분이 드나요?

② 좋아하는 친구 한 명을 선택하고 친구의 좋은 점을 적어 보세요.

③ 친구를 칭찬하는 말 세 가지를 적어 보세요.

④ 칭찬할 때 적절한 표정, 목소리, 태도는 무엇일까요?

칭찬해요

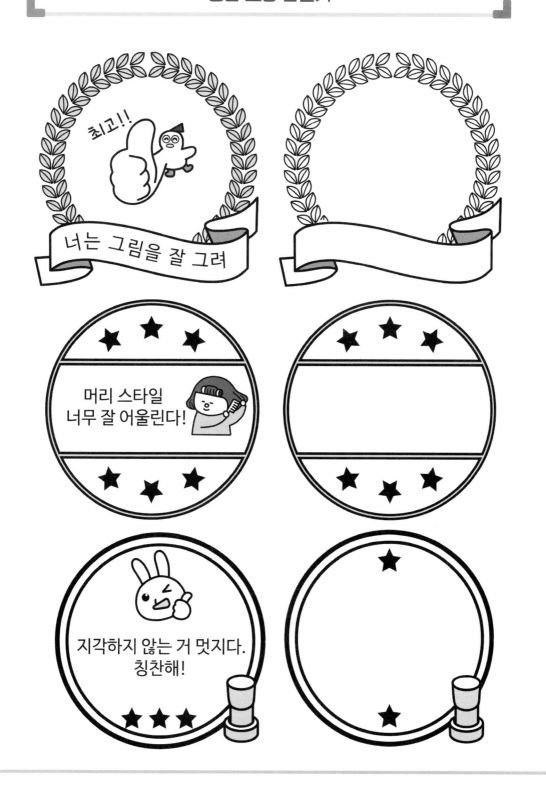

너는 그림을 잘 그려

머리 스타일
너무 잘 어울린다!

지각하지 않는 거 멋지다.
칭찬해!

최고!!

칭찬 롤링페이퍼

칭찬해줘서 고마워!

5) 사과하는 기술 배우기

✎ 목표

(1) 다양한 사귀기 기술을 알고 상황에 맞게 적절하게 사용하여 긍정적인 또래 관계를 형성할 수 있다.

(2) 사과의 의미를 알고 또래 관계에서 적절한 사과를 주고받을 수 있다.

✎ 활동내용

◆ 사과는 이렇게 하는 거야

(1) 팀을 나누어 〈릴레이 그림 맞추기 게임〉 활동을 진행하며 흥미를 유발한다. (게임 방식: 순서를 정해 1번이 제시어를 보고 10초 안에 제시어를 설명하는 그림을 그린다. 다음 순서는 1번의 그림만 보고 제시어가 무엇인지 추측하여 10초 동안 그림을 그리고 다음 순서에 넘긴다. 이렇게 차례대로 진행하다가 마지막 순서의 사람이 그림을 보고 제시어를 맞추면 점수를 얻는다.)

(2) 사과해 본 경험을 나눈 다음, 상황을 제시하고 상황과 그에 적절한 사과 멘트를 연결한다.

(3) 사과했던 경험을 생각하며 그 상황에서 자신은 어떤 말로 사과를 했는지 생각하고, 사과할 때 적절한 말을 골라 사과 그림 안에 적는다.

(4) 사과했을 때 좋았던 부분과 어려웠던 부분을 이야기한다.

(5) 활동을 정리하며 소감을 나누고, 다음 시간을 소개하며 마무리한다.

◆ 사과 사전 만들기

(1) 사과하는 것이 왜 중요한지 함께 이야기한다.

(2) 활동지를 작성하며 사과 사전을 만든다.

(3) 사과 사전을 만들며 생각한 내용을 이야기하며 자신만의 사과 팁을 그룹원에게 소개한다.

(4) 활동을 정리하며 소감을 나누고, 다음 시간을 소개하며 마무리한다.

◆ 사과 메시지 보내기

(1) 친구에게 미안했던 상황을 생각하고 상황에 적절한 사과 메시지를 적는다.

(2) 작성한 것을 발표하고, 발표 내용 중에 몇 개를 골라서 사과하는 상황을 롤플레잉 한다.

(3) 활동을 정리하며 소감을 나누고, 다음 시간을 소개하며 마무리한다.

활동 TIP

• [사과하는 기술 배우기] 상대가 사과를 받아주지 않았을 때 대처, 반응도 생각할 수 있도록 지도한다.

사과는 이렇게 하는 거야

❓ 실수에 관한 적절한 사과 표현을 연결해 보세요.

친구가 내가 찬 공에 맞았을 때	깜빡 잊었어 미안해 내일 꼭 가지고 올게
친구의 발을 실수로 밟았을 때	미안해 실수였어 괜찮아? 많이 아프지
친구 물건을 빌리고 깜빡했을 때	미안해 내가 조심했어야 했는데
지나가다 물건 떨어뜨렸을 때	앗 미안해 내가 잘 못봤어

? 사과할 때 사용하는 말을 골라 사과 그림 안에 적으세요.

다음부터는 조심할게

그런데 너도
잘못했잖아

조심했어야지

생각해보니
내가 잘못했어

엄마가 사과하라고
했어

미안해

내 잘못 인정해

사과 사전

사과는 언제, 왜 해야 할까?

사과를 할 때 적절한 태도, 적절하지 않은 태도

실수를 했을 때와 잘못을 했을 때를 구분해서
사과멘트 적어 보기

위 상황에서 사과를 받았을 때 나는 어떻게 반응할까?

나만의 사과 잘하는 팁

사과는 _____ 다.

사과 메시지 보내기

❓ 친구에게 미안했던 상황을 떠올리고 상황에 맞게 사과 메시지를 적어 보세요.

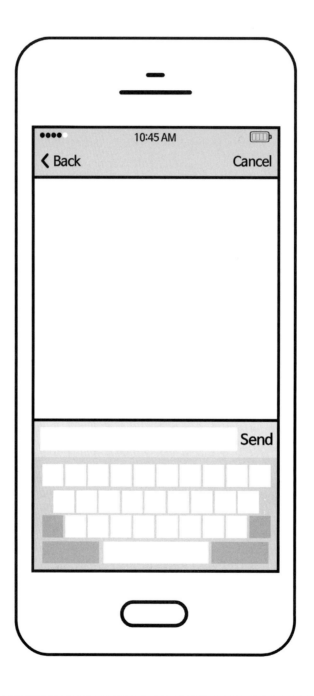

6) 도움 요청하기

✎ 목표

(1) 다양한 사귀기 기술을 알고 상황에 맞게 적절하게 사용하여 긍정적인 또래 관계를 형성할 수 있다.

(2) 도움이 필요한 어려운 상황에서 적절하게 도움을 요청할 수 있다.

✎ 활동내용

◆ 도움 요청하기

(1) 도움이 필요했던 상황을 생각하고, 활동지를 작성하며 어려운 상황에서 도움을 요청할 수 있는 사람들을 알아본다.

(2) 활동지에 제시된 상황을 보고 혼자 해결할 수 있는 상황인지, 도움이 필요한 상황인지 구분한 뒤 어떻게 도움을 요청할 것인지 적는다.

(3) 작성한 내용을 발표하고 상황을 선택해 그룹원들과 롤플레잉 한다.

(4) 활동을 정리하며 소감을 나누고, 다음 시간을 소개하며 마무리한다.

◆ 나를 도와줘 (그림 퀴즈)

(1) 최근 자신에게 도움이 필요했던 상황을 생각한다.

(2) 생각한 상황을 활동지에 그림 혹은 만화로 표현한다.

(3) 퀴즈를 낼 순서를 정한다.

(4) 정해진 순서대로 자신이 그린 그림을 보여 주고 그룹원들은 그림을 보며 어떤 상황인지 추측한다.

(5) 추측한 상황에 적절한 도움을 요청하는 대상, 표현을 이야기한다.

(6) 퀴즈를 낸 그룹원이 적은 표현과 비교하고 퀴즈 출제자는 그룹원의 의견 중 마음에 드는 것을 선택한다.

(7) 활동을 정리하며 소감을 나누고, 다음 시간을 소개하며 마무리한다.

• [도움 요청하기] 제시된 상황 그림 외 다양한 상황을 제시하여 연습할 수 있도록 돕는다.

도움 요청하기

❓ 어려운 상황이 발생했을 때 도움을 요청할 수 있는 사람들을 적어 보세요.

집에서	학교에서	다른 장소에서
예) 엄마		

❓ 가족과 친구, 선생님에게 도움을 받을 수 있는 상황을 구분하여 적어 보세요.

	이럴 때 도움을 받을 수 있어요.
가족	아플 때 간호를 받을 수 있다.
친구	준비물이 무엇인지 모를 때 물어볼 수 있다.
선생님	

❓ 그림의 상황에서 누구에게, 어떻게 도움을 요청할 수 있을지 적어 보세요.

누구에게?

어떻게?

누구에게?

어떻게?

누구에게?

어떻게?

누구에게?

어떻게?

누구에게?

어떻게?

누구에게?

어떻게?

나를 도와줘 (그림 퀴즈)

❓ 도움이 필요한 상황을 그림으로 표현해 보세요

예)

- 무슨 상황일까?

  - 친구가 놀려서 화가 난 것 같아 보인다.

- 어떻게 도움을 요청할 수 있을까?

  - 싫다고 표현을 해도 친구가 장난을 계속한다면 선생님께 도움을 요청한다.

- 무슨 상황일까?

- 어떻게 도움을 요청할 수 있을까?

7) 거절하는 기술 배우기

✎ 목표

(1) 다양한 사귀기 기술을 알고 상황에 맞게 적절하게 사용하여 긍정적인 또래 관계를 형성할 수 있다.

(2) 거절의 의미를 알고, 거절이 필요한 상황에서 적절하게 거절할 수 있다.

✎ 활동내용

◆ 거절하기

(1) 거절이 힘든 이유는 무엇인지, 거절하지 못해 마지못해 수락했던 경험을 이야기한다.

(2) 호의 또는 제안에 부드럽게 거절하는 방법을 단계별로 확인하고, 그 외에도 화제를 돌리며 은근슬쩍 거절하거나 단호하게 거절하는 등 상황에 따라 달라질 수 있는 거절의 방법을 이야기한다.

(3) 제시된 상황에서 보일 수 있는 적절한 거절 반응 및 구체적 표현을 생각하고 활동지를 작성한다.

(4) 활동지 작성 중 어렵게 느껴졌던 상황을 이야기하고 작성 내용을 발표한다. 서로 다른 대안이나 표현을 공유한다.

(5) 각자 상황을 선택하여 롤플레잉 한다.

(6) 활동을 정리하며 소감을 나누고, 다음 시간을 소개하며 마무리한다.

◆ 거절 받아들이기

(1) 거절의 뜻을 자유롭게 이야기한다.

(2) 친구에게 거절당했던 경험을 떠올려 보고 활동지를 작성한다.

(3) 그때 느꼈던 다양한 감정들과 그 이유를 이야기한다.

(4) 거절로 인해 느끼게 되는 부정적 감정으로부터 내 마음을 지킬 수 있는 생각과 거절에 대한 대안을 고민하고 이야기한다.

(5) 활동을 정리하며 소감을 나누고, 다음 시간을 소개하며 마무리한다.

• [거절하는 기술 배우기] 다양한 상황을 제시하여 연습할 수 있도록 돕는다.

거절하기

⑦ 상황에 따른 거절의 방법

＊부드럽게 거절하기

- 1단계 : '고맙지만~', '미안하지만~' 등 적절한 인사말을 먼저 한다.
- 2단계 : 거절하는 이유를 설명한다.
- 3단계 : 다른 대안이 있다면 제안할 수 있다.

＊화제를 돌리며 은근슬쩍 거절하기

＊단호하게 거절하기

⑦ 다음의 상황에 적절한 거절 표현을 생각해 보세요.

학교가 끝난 뒤 학원을 가야 하는 데 친구가 놀자고 한다.	
이미 다른 친구와 팀을 하기로 한 상황에서 친구가 함께 팀이 될 것을 제안한다.	
친구가 누군가 다칠 수 있는 위험한 장난을 치자고 한다.	
친구가 다른 친구의 험담을 한다. 하지만 나는 그런 대화가 불편하고 동참하고 싶지 않다.	
여러 번 이야기했지만 친구가 계속해서 장난을 건다.	
이성친구가 몸을 함부로 만지려 한다.	

거절 받아들이기

❓ 친구에게 거절당했을 때 나는 어떤 감정을 느꼈나요?

❓ 거절로부터 내 마음을 지키는 생각

'그럴 수도 있지.'	'다른 친구한테 부탁해 보자.'
'친구가 사정이 있나보다.'	'나를 거절한 건 아니야.'
'나를 싫어하는 건 아니야.'	'내가 거절할 때도 있잖아.'

8) 선물하기

✏ 목표

(1) 다양한 사귀기 기술을 알고 상황에 맞게 적절하게 사용하여 긍정적인 또래 관계를 형성할 수 있다.

(2) 선물의 의미를 알고, 상황에 맞게 친구와 선물을 주고받을 수 있다.

✏ 활동내용

◆ 친구에게 선물해요(초등학생용)

(1) 선물의 의미를 생각하고, 친구에게 선물을 줬던 경험을 이야기한다.

(2) 친구에게 선물을 줬을 때 친구의 반응은 어땠는지 생각하고 친구에게 줄 선물을 고를 때 무엇을 고려해야 하는지 이야기한다.

(3) 활동지를 작성하고, 발표한다.

(4) 활동을 정리하며 소감을 나누고, 다음 시간을 소개하며 마무리한다.

◆ 선물해요(청소년용)

(1) 선물의 의미를 생각하고, 친구에게 선물했던 경험을 이야기한다.

(2) 선물을 준비했을 때 어려웠던 점이 있는지 생각하고, 선물을 고를 때 무엇을 고려해야 하는지 이야기한다.

(3) 활동지를 작성하고, 발표한다.

(4) 활동을 정리하며 소감을 나누고, 다음 시간을 소개하며 마무리한다.

◆ 선물 계획서(초등 및 청소년용)

(1) 선물의 의미를 생각하고, 친구에게 선물했던 경험을 이야기한다.

(2) 선물을 고를 때 무엇을 고려해야 하는지 생각한다.

• 요즘 유행하는 것이 무엇인지 생각하기

- 선물에 쓸 용돈 범위 정하기
- 선물 받을 친구와의 친밀함의 정도
  (내가 정한 용돈을 쓸 만큼 친한 친구인지 생각하기)
- 선물 받을 친구의 취향 생각하기

(3) 선물을 언제 / 어떻게 전해줘야 할지 생각하고 활동지를 작성한다.

- 선물 계획표를 차례대로 작성한다(무슨 선물을 줄지 / 언제, 어떻게 전달할지 등을 상세하게 작성한다).

(4) 작성한 활동지를 발표한다.

(5) 활동을 정리하며 소감을 나누고, 다음 시간을 소개하며 마무리한다.

활동 TIP

- [친구에게 선물해요] 친구에게 줄 선물을 고를 때 상대의 나이와 특성(취향, 성격 등), 나와의 관계를 파악하는 것이 중요함을 강조하며 설명한다.
- [친구에게 선물해요] 그룹원들과 함께 마니토 게임을 진행하여 활동에 대한 흥미를 높일수 있다(2~3천 원 내외 선물 준비).
- [선물 계획서] 그룹원들이 다른 사람에게 선물을 주는 과정을 충분히 생각하고 주어진 순서대로 활동지를 작성해 볼 수 있도록 지도한다.

- 지금 남자 아이의 기분은 어떨까요? 왜 그런 기분을 느꼈을까요?

- 남자 아이는 여자 아이에게 뭐라고 말할까요?

- 친구에게 줄 선물을 고를 때, 무엇을 생각해야 할까요?

선물을 해요 (청소년용) (1)

> 오늘은 친구의 생일파티가 있는 날이다.
> 나는 친구가 좋아할 만한 선물을 사서 친구에게 주려고 한다.

나: (나도 레고를 좋아하니까 OO도 마음에 들어 할 거야.) OO야, 생일 축하해!

OO: (선물을 보고 당황해 하며) 어...? 어어... 고마워…….

나: 이거 새로 나온거래. 색깔도 완전 예쁘더라~.

OO: (어색하고 난감해 하는 표정으로) 초록색이네…….

나: 이거 내가 고민하다가 비싸게 산 거야. 해보면 완전 재밌을걸?!

OO: (아... 나 레고 진짜 싫어하는데 어쩌지...) 하하... 그래... 고마워…….

나: 생일 정말 축하해!! (마음에 든 것 같은데? 좋았어~)

- 친구는 나의 선물을 받고 왜 당황해 했나요?

- 친구에게 줄 선물을 고를 때, 무엇을 생각해야 할까요?

- 친구에게 줄 선물을 준비할 때 어려웠던 점이 있나요?

선물을 해요 (청소년용) (2)

오늘은 어버이날이다.
나는 부모님과의 저녁 식사를 마치고 준비한 선물을 드리려고 한다.

나: (매우 화려한 모자 두 개를 선물상자에서 꺼내며) 엄마, 아빠~ 어버이날 선물이에요!

부모님: (선물을 보고 난처해 하며) 어...? 그래 고마워~ 허허…….

나: 한번 써보세요~ 색깔 너무 예쁘지 않아요?

부모님: 하하... 그러네…….(너무 화려해서 다른 옷이랑 맞추기 힘들 것 같은데 어쩌지)

나: 엄마랑 아빠가 분명 좋아할 줄 알았어요~^^

부모님: 하하... 고마워…….

• 부모님은 나의 선물을 받고 왜 당황해 하셨나요?

• 상대방에게 줄 선물을 고를 때, 무엇을 생각해야 할까요?

• 상대방에게 줄 선물을 준비할 때, 어려웠던 점이 있나요?

선물 계획서 (청소년용) (3)

선물 계획안		
나와의 친밀함 정도	(1)–(2)–(3)–(4)–(5)–(6)–(7)–(8)–(9)–(10)	
친구의 취향	· · ·	
요즘 유행하는 것	· · ·	
지출 예산		
선물 전달 방법	언제	어떻게
	· · ·	· · ·
계획안 작성		

9) 약속 정하기

✎ 목표

(1) 다양한 사귀기 기술을 알고 상황에 맞게 적절하게 사용하여 긍정적인 또래 관계를 형성할 수 있다.

(2) 약속 의미와 에티켓을 알고 또래 관계에서 적절한 약속을 할 수 있다.

✎ 활동내용

◆ 약속 정하기 (1), (2)

(1) 친구들과 주로 어떤 약속을 하는지, 약속을 정하며 경험했던 어려움에는 어떤 것들이 있는지 이야기한다.

(2) 이번 활동에 앞서 도입 활동으로 약속 잡기 싫은 친구 유형을 제시하여 밸런스 게임을 진행한다.

(3) 실제 친구들과 약속 경험을 떠올리며 그 밖의 약속 잡기 싫은 친구 유형을 생각하고, 각자 어떤 유형이 특히 싫은지 이야기한다.

(4) 싫은 친구 유형을 바탕으로 약속을 정하고 지킬 때 중요하다고 생각하는 것은 무엇인지 활동지를 작성하고 발표한다.

(5) 나는 그러한 유형 가운데 속하지 않는지 스스로 점검한다.

(6) 약속을 정할 때 생각해야 할 것이 무엇인지 확인하고, 각각이 필요한 이유와 상황을 이야기한다. 그 외에도 친구들과의 긍정적인 약속 경험을 위해 생각해 볼 것이 있다면 무엇일지 이야기한다.

(7) 활동을 정리하며 소감을 나누고, 다음 시간을 소개하며 마무리한다.

◆ 약속 시간 정하기

(1) 친구들과 약속 경험을 떠올리며 약속 잡기 싫은 친구 유형을 생각하고, 각자 어떤 유형이 특히 싫은지 이야기한다.

(2) 약속을 정할 때 생각해 봐야 할 것을 바탕으로 제시된 상황에서 약속 시간을 잡을 방법을 고민하고 활동지를 작성한다.

(3) 작성한 내용을 발표하고, 서로 다른 생각을 한 부분이 있다면 무엇이고 어떻게 다른지 이야기한다.

(4) 활동을 정리하며 소감을 나누고, 다음 시간을 소개하며 마무리한다.

◆ **약속 장소 정하기**

(1) 자신의 경험을 떠올려 어떤 약속 장소들이 있는지, 약속 장소는 어떤 식으로 정하는지, 자신이 선호하는 약속 장소는 어디인지, 마음에 들지 않았던 약속 장소는 어디였는지 등을 이야기한다.

(2) 활동지를 작성하고 각 내용을 함께 확인한다.

(3) 약속 장소를 정할 때 먼저 고려해야 할 부분이나 배려가 필요한 부분을 이야기한다.

(4) 활동을 정리하며 소감을 나누고, 다음 시간을 소개하며 마무리한다.

활동 TIP

- [약속 정하기] 도입 활동으로 진행하는 밸런스 게임의 제시 내용은 약속 잡기 싫은 친구 유형을 극단적으로 보여 주는 예를 들어 주제에 대한 흥미를 유발할 수 있도록 한다. [약속 시간 정하기]와 [약속 장소 정하기] 활동에서도 이번 활동에 앞서 각각의 내용과 관련된 밸런스 게임을 진행할 수 있다.

  예) 거의 다 왔다며 약속에 1시간 늦는 친구 vs 약속 장소에 도착했는데 약속 취소하는 친구 / 약속에 말도 없이 다른 친구를 데려오는 친구 vs 다른 약속이 있다며 빨리 가버리는 친구 / 뭐든 다 좋다 해놓고 불만 많은 친구 vs 뭐든 자기 좋은 대로만 정하는 친구 등

- [약속 시간 정하기] 활동 시, 일정 조정과 관련하여 '우선순위 정하기'에 대한 부분이 선행될 필요가 있으며, 함께 다뤄줄 수 있다.

약속 정하기 (1)

⊙ 약속 잡기 싫은 친구 유형

> ### 자주 약속을 어기는 친구
> "그날 다른 일 있는 거 깜빡했다!
> 미안, 담에 보자~"

> ### 자주 약속에 늦는 친구
> "많이 기다렸어? 미안미안~"

> ### 같은 날 여러 약속을 잡는 친구
> "나 이따 OO이 만나기로 해서
> O시에는 가봐야 해."

> ### 자신이 좋은 장소와 시간만
> ### 고집하는 친구
> "이때 여기서(자신의 집근처) 보자."

> ### 돈을 챙겨오지 않는 친구
> "나 돈 없는데 오늘은 네가 내라~"

> ### 의견을 이야기하지 않는 친구
> "이때 여기서(자신의 집근처) 보자."

⊙ 약속을 정하고 지킬 때 중요한 것은 무엇일까요?

약속 정하기 (2)

⊙ 약속을 정할 때 생각해야 할 것은 무엇이 있을까요?

① 약속의 목적이 무엇인지 확인한다.

- 무엇을 할 것인가?
- 친구와 무얼 하면 좋을까?

② 내가 가능한 시간과 친구가 가능한 시간을 확인하고 조율한다.

- 일정이 없는 요일과 시간(몇 시부터 몇 시까지)은 언제인가?
- 친구가 원하는 시간은 언제인가?
- 다른 일정의 조율이 가능한가?
- 부모님의 허락이 필요하지는 않은가?
-

③ 약속 장소를 정한다.

- 각자의 집은 어디인가?
- 목적지는 어디인가?
- 이동수단은 무엇인가?
- 부모님의 허락이 필요하지는 않은가?
-

④ 합의된 약속 시간과 장소를 다시 한번 확인한다.

- 어떻게 기억할 것인가?
-

약속 시간 정하기

상황: 기대하고 있던 영화가 월요일에 개봉해서
친구들과 함께 보러가기 위해 약속을 잡으려 한다.

월	화	수	목	금	토	일
	아빠생신. 가족식사.	일주일에 한 번 컴퓨터 게 임 하는 날.		방과 후 학원. 시험공부.	학원 영어 시험.	집 대청소 하는 날. 엄마가 방청소를 하라고 하셨다.

① 친구들과 약속을 잡기에 좋은 날은 언제인가요?

② 내가 만나자고 한 날에 친구들이 다른 일정이 있다면 어떻게 해야 할까요?

③ 나의 주간 일정 가운데 조정이 가능한 일정은 무엇이고 그 이유는 무엇인가요?

④ 일정을 조정한다면 어떻게 바꿀 수 있을까요?

⑤ 서로의 일정 외에 약속을 정하기 위해 고려해야 하는 것에는 무엇이 있을까요?

약속 장소 정하기

? 아래의 약도와 친구들의 대화를 보고 약속 장소를 정해 보세요.

- 친구들이 약속 장소로 정하고 싶은 곳은 어떤 곳인가요?

- 약속 장소로 정하기에 가장 좋은 곳은 어디인가요? 그 이유는 무엇인가요?

10) 물건 빌리기/빌려주기

✏️ 목표

(1) 다양한 사귀기 기술을 알고 상황에 맞게 적절하게 사용하여 긍정적인 또래 관계를 형성할 수 있다.

(2) 물건을 빌릴 때 지켜야 할 매너를 알고 적절히 물건을 빌리고 빌려줄 수 있다.

✏️ 활동내용

◆ 물건을 빌려요

(1) 이번 활동에 앞서 〈공 옮기기〉 게임을 진행한다.

- 3~4명이 같은 조가 되어 옆을 보고 선다.

- 한 명당 종이컵 한 개를 나눠 갖고, 첫 번째 주자가 종이컵에 든 공을 다음 사람에게 넘겨준다.

- 가장 많은 공을 옮긴 사람이 승리한다.

(2) 친구 혹은 다른 사람에게 물건을 빌렸던 경험을 이야기한다.

(3) 물건을 빌릴 때 지켜야 할 매너에는 무엇이 있는지 생각한다.

- 물건에 흠집이 생기지 않게 조심해서 사용하기

- 다 쓴 후에는 깨끗이 닦거나 깔끔하게 정리해서 돌려주기

- 우산을 빌렸을 경우 잘 말린 후 곱게 접어서 돌려주기

- 책 혹은 학용품을 빌렸을 경우 낙서하거나 함부로 사용하지 말고, 처음 빌렸을 때만큼 온전한 상태로 돌려주기

- 물건 사용 후 '덕분에 잘 썼어. 고마워'라고 감사의 말 전하기

(4) 활동지를 작성하고, 발표한다.

(5) 활동을 정리하며 소감을 나누고, 다음 시간을 소개하며 마무리한다.

◆ 물건을 빌려줘요

(1) 친구 혹은 다른 사람에게 물건을 빌렸던 경험을 이야기한다.

(2) 물건을 빌릴 때 주의해야 하는 점이 있는지 생각한다.

- 그 물건이 왜 필요한지 정확한 이유를 물어보기

- 구체적으로 언제까지 돌려줄 수 있는지 확인하고 약속받기

- 친구가 계속 잊고 있을 때 '나도 그 물건이 필요한데 내일까지 돌려줄 수 있어?'하고 물어보기

(3) 활동지를 작성하고, 발표한다.

(4) 활동을 정리하며 소감을 나누고, 다음 시간을 소개하며 마무리한다.

활동 TIP

- [물건을 빌려요/빌려줘요] 물건을 빌리거나 빌려줄 때 주의해야 하는 사항들의 구체적인 예시를 제시하며 활동에 대한 이해를 도울 수 있다.

물건을 빌려요 (1)

나는 미술 시간에 필요한 그림 물감을 챙겨오지 못했습니다.
그런데 같은 반 짝꿍 친구가 물감을 두 개 가져온 것을 우연히 보게 됐습니다.

친구: (열심히 그림을 그리고 있다)

나: _____

친구: 물감?

나: _____

친구: 응, 그래~

나: _____

• 친구에게 물건을 빌린 적이 있나요? 어떤 상황이었나요?

• 친구에게 물건을 빌릴 때 주의해야 하는 것은 무엇일까요?

물건을 빌려요 (2)

나는 미술 시간에 물감을 챙겨 오지 못한 친구에게 물감을 빌려주었습니다.
그런데 미술 시간이 끝났는데도 친구가 물감을 돌려주지 않았습니다.

나: ○○야, 내 물감 이제 돌려줘.

친구: 물감? 아, 그게 어디 있었더라……?

나: 뭐야? 내 물감 어디에 놨어?

친구: 아, 잠깐만 기다려 봐. 내가 물감을 어디에 놨더라?

나: 너 미술시간 끝나고 바로 돌려준다고 했잖아! 빨리 물감 찾아내!!

• 지금 어떤 문제가 발생했나요?

• 친구의 행동이 왜 잘못되었나요?

• 친구에게 물건을 빌릴 때 지켜야 하는 매너는 무엇일까요?

물건을 빌려줘요

❓ 대화의 빈칸을 채워 보세요.

> 친구는 미술 시간에 필요한 그림 물감을 챙겨 오지 못했습니다.
> 그런데 같은 반 짝꿍인 '나'가 물감을 두 개 가져온 것을 우연히 보게 됐습니다.

친구: ○○야, 내가 물감을 안 가져와서 그런데 이거 빌려줄 수 있어?

나: _____

친구: 응! 내가 미술 시간 끝나고 바로 돌려줄게.

나: _____

친구: 알겠어~.

• 친구에게 물건을 빌려준 적이 있나요? 어떤 상황이었나요?

• 친구에게 물건을 빌려줄 때 주의해야 하는 것은 무엇일까요?

11) 이견 조율하기

✎ 목표

(1) 다양한 사귀기 기술을 알고 상황에 맞게 적절하게 사용하여 긍정적인 또래 관계를 형성할 수 있다.

(2) 다른 사람과 의견이 다를 경우 이견 조율을 할 수 있다.

✎ 활동내용

◆ 사실과 의견 구분하기

(1) 의견이 무엇인지, 그리고 의견과 구분되는 사실은 어떤 개념이라고 생각하는지 이야기한다.

(2) 활동지를 통해 각자가 생각하는 의견과 사실의 개념을 점검한다.

(3) 정답을 확인하고, 틀린 부분이 있다면 무엇이고 정답의 이유는 무엇인지 함께 이야기한다.

(4) 위 활동을 바탕으로 사실은 무엇이고 의견은 무엇인지 각각의 개념을 재정의한다.

(5) 활동을 정리하며 소감을 나누고, 다음 시간을 소개하며 마무리한다.

◆ 의견 제안하기 / 상대방 의견을 존중하며 설득하기 - 롤플레잉

(1) 다른 사람과 의견이 달랐던 경험과 이견 조율이 필요한 상황을 이야기한다.

(2) 의견을 이야기하는 방법과 상대방 의견을 존중하며 이야기하는 방법을 생각한다.

(3) 상황별로 제시된 잘못된 대화 표현을 함께 보며 잘못된 표현은 무엇이고 어떻게 느껴지는지 이야기한다.

(4) 앞서 학습한 방법을 활용하여 잘못된 표현을 어떻게 바꿔볼 수 있을지 이야기하며 마음에 드는 표현이나 적절하다고 생각되는 표현을 적는다.

(5) 이야기한 내용을 바탕으로 롤플레잉해 보고 실제 표현에서의 어려움과 더불어 이견 조율 시 필요한 비언어적 태도를 이야기한다.

(6) 활동을 정리하며 소감을 나누고, 다음 시간을 소개하며 마무리한다.

◆ 상대방 의견을 존중하는 듣기

(1) 다른 사람과 의견이 달랐던 경험과 이견 조율이 필요한 상황을 이야기한다.

(2) 활동지에 제시된 그림을 통해 상대방의 의견을 존중하는 올바른 태도와 잘못된 태도를 알아본다.

(3) 내가 다른 사람의 의견을 들을 때 가졌던 태도를 떠올리며 점검한다.

(4) 경청하기와 더불어, 이견 조율 시 다름에 대한 존중과 그러한 다름의 이유를 생각하고 이해하는 자세가 중요함을 설명한다.

(5) 활동을 정리하며 소감을 나누고, 다음 시간을 소개하며 마무리한다.

◆ 결정 받아들이기 - 다수결 가위바위보 게임

* 준비물: 가위바위보 카드 2묶음(가위, 바위, 보가 각각 그려진 카드 또는 직접 카드를 만들 수 있는 종이와 도구를 준비한다.)

(1) 여러 의견 가운데 합의와 결정을 위한 방법에 어떤 것들이 있는지 이야기한다.

  예) 다수결, 양보, 가위바위보, 번갈아 의견 따르기 등

(2) 결정된 방법과 함께 이후 결정을 받아들이며 요구되는 태도를 이야기한다.

(3) 다수결 가위바위보 게임을 통해 단체 상황에서 흔히 이루어지는 다수결을 경험하고 결과 받아들이기를 연습한다.

(3-1) 그룹을 두 팀으로 나누고 팀별로 가위, 바위, 보 카드를 한 장씩, 3장의 카드를 앞에 펼쳐 놓는다.

(3-2) 가위바위보를 외치며 모든 그룹원이 동시에 각자 원하는 카드를 지목하여 선택한다.

(3-3) 각 팀에서 가장 많은 지목을 받은 카드로 승부를 가린다.

(3-4) 승패의 결과에 따라 서로의 선택을 비난하지 않고 결과를 받아들이는 연습을 한다.

(4) 활동을 정리하며 소감을 나누고, 다음 시간을 소개하며 마무리한다.

◆ 실전 이견 조율하기 - 무인도 탈출 작전

(1) 다른 사람과 의견이 달랐던 경험과 이견 조율이 필요한 상황을 이야기한다.

(2) 이견 조율에 앞서 각자 활동지 작성을 통해 자신의 의견을 정리한다.

(3) 이후 배가 침몰하기 전의 가상의 상황을 설정하고, 제한 시간 10분 동안 물건의 활용 및

장단점에 관한 생각을 바탕으로 의견을 주고받으며 의논을 통해 최종적으로 챙길 물건 다섯 가지를 결정한다.

(4) 활동을 정리하며 소감을 나누고, 다음 시간을 소개하며 마무리한다.

활동 TIP

- [사실과 의견 **구분하기**] 활동지 작성 또는 진행자가 지문을 읽어주고 각각이 해당하는 것을 함께 답해 보는 식으로 진행할 수 있다.

- [사실과 의견 **구분하기**] 본 것, 들은 것, 정말 일어난 일은 사실이지만 상황에 대한 주관적인 느낌과 생각은 의견이며, 의견에는 정답이 있지 않고 서로 느끼고 생각하는 바는 모두 다를 수 있음을 강조하여 설명한다. 이를 통해 각자의 의견을 존중해야 하는 이유와 이견을 조율하는 데 있어 중요한 존중의 태도를 이야기할 수 있다.

- [**무인도 탈출 작전**] 그룹의 인원에 따라 제한 시간을 늘려서 진행하거나 소그룹을 나누어 진행할 수 있다. 효과적인 이견 조율을 위해서는 소그룹을 나누어 진행하는 것이 더 효과적일 수 있으며, 이 경우 팀별로 결정된 내용과 이유에 대한 발표를 통해 다양한 의견을 경험할 수 있도록 한다.

- [**무인도 탈출 작전**] 중요한 것은 앞에서 배운 기술들을 활용하여 각자 자신의 선택과 이유를 설명하고(의견 제안하기), 상대방의 의견을 경청하고 존중하며 실제로 이견을 조율해 보는 경험임을 강조한다.

사실과 의견 구분하기

? 사실과 의견을 구분해 보세요.

컴퓨터 게임은 재미있다.	(의견)
공부는 재미있다.	(의견)
공부는 재미없다.	(의견)
00이는 100m를 14초 만에 뛰었다.	(사실)
00이는 달리기가 빠르다.	(의견)
축구는 발이나 머리를 사용하여 공을 상대편 골대에 넣는 스포츠이다.	(사실)
축구는 가장 재미있고 신나는 스포츠이다.	(의견)
친구들과 장난을 치다가 선생님께 혼이 났다.	(사실)
선생님은 나를 싫어하신다.	(의견)

A: 선생님께서 자유놀이 시간에 뭘 하면 좋을지 의논해 보라고 하셨어.	(사실)
B: 나는 축구가 하고 싶어!	(의견)
C: 뉴스에서 오늘은 미세먼지가 심하다고 했어.	(사실)
그러니까 실내에서 할 수 있는 활동을 하는 게 어때?	(의견)
B: 좋은 생각이야.	(의견)
A: 그럼 00 보드게임을 할까?	(의견)
00 보드게임은 모두가 좋아하잖아~!	(의견)
B: 하지만 그건 지난 자유놀이 시간에도 했는걸.	(사실)
이번에는 새로운 게임을 해 보자!	(의견)
C: 나도 찬성이야.	(의견)

- 사실과 의견은 어떻게 다를까요?

  - **사실은** _____

  - **의견은** _____

의견 제안하기 / 상대방 의견을 존중하며 설득하기

나의 의견을 상대방에게 제안하기

- 주제와 관련된 의견을 이야기한다.

- 지시나 명령, 일방적인 강요가 아닌, 동의를 구하는 태도로 이야기한다.

- 사실이나 경험 등 의견을 뒷받침하는 적절한 근거 또는 그렇게 생각하는 이유를 함께 이야기한다.

상대방의 의견을 존중하며 설득하는 기술

네가 어떻게 생각하는지 알겠어. 그것도 좋은 생각인 것 같아.	(상대방 의견을 인정, 존중하는 말하기)
하지만 _____	(근거)
그래서 나는 _____	(의견)
어떻게 생각해?	(상대방 의견 구하기)
너는 _____ 하고 싶구나.	(상대방 의견을 인정, 존중하는 말하기)
그런데 _____	(근거)
그러니까 _____ 하는 건 어때?	(의견 제시와 상대방 동의 구하기)

의견 제안하기 & 상대방 의견을 존중하며 설득하기 - 롤플레잉

(자유놀이로 무얼 할지 정하는 상황)

A : 축구하자!!! 축구! 축구! 축구!!!!!
B : 교실에서 게임이나 하자.

A : 오늘 날씨도 좋은데 축구 어때?
B : 뉴스에서 그러는데 날씨가 화창하긴 해도 오늘 엄청 춥대. 우리 그냥 교실에서 게임하고 노는 게 어떨까?

(모둠활동 상황)

A : 이건 이렇게 해.
B : 이번에는 이렇게 해 보면 안 될까?

(모둠과제를 위한 역할분담 상황)

A : 내가 그리기 담당할게!
B : 너 그림 못 그리잖아.
　　 넌 그냥 자료 조사해.

(식당에서 메뉴를 고르는 상황)

A : 역시 떡볶이지~!
B : 맨날 그것만 먹냐? 다른 것 좀 먹자!

(게임 말을 나눠 갖는 상황)

A : 난 내가 제일 좋아하는 초록색 말!
B : 초록색을 너만 좋아하냐?
　　 이번에는 내가 할거야!

상대방 의견을 존중하는 듣기

❓ 다음 중 상대방의 의견을 존중하는 올바른 태도와 잘못된 태도를 구분해 보세요.

실전 의견 조율하기 - 무인도 탈출 작전

모두가 타고 있던 배가 난파되어 무인도에 도착했다.
10분 후 배가 침몰하며 배에 있는 물건 중 5개만 들고 나올 수 있다.
무인도에서 살아남아 탈출하기 위해서는 어떤 물건이 필요할까?

핸드폰	담요	생수	망원경	나침반
손전등	종이뭉치와 연필	라이터	밧줄	폭죽
텐트	도끼	냄비	그물	옷가지
지도	나이프	비상식량	나팔	비상약

❓ 내가 선택한 다섯 가지 물건과 선택의 이유

선택한 물건	활용 / 장점	단점
①		
②		
③		
④		
⑤		

- 제한시간 내에 필요한 물건 5개와 이유에 대해 의논하여 결정하기

- 의견 제안하기, 의견 존중하기, 설득하기 기술을 활용하여 의논하기

12) 함께 식사하기

✏️ 목표

(1) 다양한 사귀기 기술을 알고 상황에 맞게 적절하게 사용하여 긍정적인 또래 관계를 형성할 수 있다.

(2) 또래 관계에서 함께 식사 시 지켜야 할 매너 행동을 알 수 있다.

✏️ 활동내용

◆ 식사 에티켓 배우기

* 준비물: 색연필

(1) 친구와 같이 식사한 경험과 불쾌했던 상황이 있었는지, 식사 에티켓이 왜 필요한지 자유롭게 이야기한다.

(2) 활동지의 에티켓 행동을 확인하고, 제시된 행동이 적절한지 아닌지 구분하여 색칠한다.

(3) 개선하고 싶은 행동과 개선 방법을 이야기하고 실제로 적용해서 활용한다.

(4) 활동을 정리하며 소감을 나누고, 다음 시간을 소개하며 마무리한다.

활동 TIP

• 개별 및 그룹 모두 비매너 행동을 롤플레잉을 진행하여 참여도 및 이해도를 높일 수 있다. 타인의 비매너 행동이 어떻게 보이고, 자신은 어떤 감정을 느끼는지 공유한다.

식사 에티켓 배우기

② 식사 에티켓을 확인하고, 아래 친구들의 행동을 얼굴 표정으로 평가해 보세요.

식사 전	· 메뉴 정하기	식사 중	· 다 같이 나눠먹기
	· 주문하기		· 삼키고 말하기
	· 수저 놓기		· 소리 내지 않기
	· 물 따르기		· 음식 뒤적이지 않기
식사 후	· 적당한 때 마무리하기		· 적절한 대화하기
	· 주변 정돈하기		· 친구 음식 공유 허락구하기
	· 얼굴 정돈하기		·
	· 계산하기		·

음식이 나오기 전에 친구가 내 것까지 수저와 휴지를 테이블에 놓고, 물도 따라주었다. 나는 편히 쉰다.	☺ ☹
다 먹고 나서 입 주변도 정리하고 내가 먹은 식기를 간단하게 정리하면서 친구와 음식 먹느라 못 다한 이야기를 나눈다.	☺ ☹
나는 원래 먹는 속도가 빠르니까 빨리 다 먹고 친구가 먹는 것을 구경하며 기다린다.	☺ ☹
여기는 친구가 오자고 한 음식점이고 내가 오고 싶었던 것은 아니니까 계산도 친구가 다 해야 한다.	☺ ☹
사실 내가 시킨 메뉴는 별로지만, 친구가 맛있게 먹고 있으니 음식에 대해 불평하지 않고 조금씩 먹는다.	☺ ☹
내가 시킨 메뉴를 친구에게도 먹을 건지 물어보고, 먹기 전에 작은 접시에 덜어서 주었다.	☺ ☹

13) 함께 이동하기

✐ 목표

(1) 다양한 사귀기 기술을 알고 상황에 맞게 적절하게 사용하여 긍정적인 또래 관계를 형성할 수 있다.

(2) 또래 관계에서 함께 이동 시 지켜야 할 매너 행동을 알 수 있다.

✐ 활동내용

◆ 이동 에티켓 배우기

(1) 이동 에티켓에 어떤 것들이 있는지 자유롭게 이야기한다.

(2) 활동지의 에티켓 행동을 확인하고, 평소 자신의 행동을 생각한다.

(3) 이동 시, 스스로 하는 것과 노력해야 하는 것을 구분하여 발표한다.

(4) 실제로 적용해서 활용한다.

(5) 활동을 정리하며 소감을 나누고, 다음 시간을 소개하며 마무리한다.

활동 TIP

• 개별 및 그룹 모두 비매너 행동을 롤플레잉을 진행하여 참여도 및 이해도를 높일 수 있다. 타인의 비매너 행동이 어떻게 보이고, 자신은 어떤 감정을 느끼는지 공유한다.

이동 에티켓 배우기

❓ 친구들과 함께 이동 시, 에티켓을 알아보고 함께 걸어가고 싶은 친구를 선택하세요.

친구들과 멀리 떨어져 혼자 걷지 않는다.

친구들과 걸음 속도를 맞춘다.

지금 가는 곳, 활동에 대해 이야기 나눈다.

혼자 이야기 하지 않고 대화를 한다.

주변에서 대화할 소재로 이야기한다.

"우리 오늘 볼링 재미있을 것 같아! 너는 볼링 쳐 본 경험 있어?"

오늘 활동에 대해 이야기하는 친구

"나는 한국 사람이지만, 좋아하는 나라는 따로 있다? 그게 어디냐면 *^!~!"!@~^&$"

혼자 이야기하는 친구

" … "

앞만 보고 혼자 가고 있는 친구

"오! 저기 카페 나 가봤는데 저기 파는 와플 맛있다? 너도 한 번 가봐."

주변을 구경하며 이야기하는 친구

" … "

거리조절 못 하고 말없이 뒤만 졸졸 쫓아오는 친구

<나만의 이동 에티켓>

• 나는 누구와 같이 걸으며 이동하고 싶나요? _____

3장 문제해결 기술

1. 문제 인식

✎ 목표

(1) 다양한 상황에서 문제해결을 위한 적절한 대처 방법들을 알 수 있다.

(2) 문제 상황을 인식하고 문제해결에 도움이 되는 단서를 파악할 수 있다.

✎ 활동내용

◆ 문제해결 기술 5단계

(1) 최근에 있었던 문제 상황을 생각한다.

(2) 문제 상황 파악에 도움이 되는 단서는 어떤 것들이 있을지 이야기한다.

(3) 문제 상황에 직면했을 때 어떤 기분을 느끼는지 이야기한다.

(4) 자신이 생각하는 그 문제의 원인은 무엇이었는지, 문제 상황에서 어떻게 대처했는지 이야기한다.

(5) 활동지를 작성하고 발표한다.

(6) 최근에 있었던 문제 상황을 해결하는데 몇 단계에서 어려움이 있었는지 생각하고, 자신이 경험해 본 문제해결 상황을 나눈다.

(7) 활동을 정리하며 소감을 나누고, 다음 시간을 소개하며 마무리한다.

활동 TIP

- [문제해결 기술 5단계] 단계별로 진행하였으나 문제가 해결되지 않았을 때 2번으로 다시 돌아가 문제를 해결할 수 있도록 한다.
- [문제해결 기술 5단계] 활동지의 예시 상황으로 역할극을 진행한다면 참여도를 높이며 실제적인 연습이 가능하다.

문제해결 기술 5단계

0 STOP!

- 말하거나 행동하기 전에 멈추기

1 무슨 상황이지?

- 문제 상황 알아차리기
- 상황의 인과관계 파악하기
- 자신이 해결할 수 있는 상황 구분, 도움 요청할 주변 사람 확인하기

2 어떻게 하지?

- 우선순위 파악하기
- 가능한 대안 생각하기

3 어떻게 될까? 그래, 이렇게 하자!

- 결과 예측하기

4 해결됐나?

- 나의 예측과 실제 반응 비교하기
- 결과 받아들이기

5 다음엔 어떻게 할까?

- 다른 방법 찾기

문제해결 기술-연습 1

어? 나 이거 안 시켰는데…….

0	STOP!
1	무슨 상황이지?
2	어떻게 하지?
3	어떻게 될까? 그래, 이렇게 하자!
4	해결됐나?
5	다음엔 어떻게 할까?

0	STOP!
1	무슨 상황이지?
2	어떻게 하지?
3	어떻게 될까? 그래, 이렇게 하자!
4	해결됐나?
5	다음엔 어떻게 할까?

0	STOP!
1	무슨 상황이지?
2	어떻게 하지?
3	어떻게 될까? 그래, 이렇게 하자!
4	해결됐나?
5	다음엔 어떻게 할까?

0	STOP!
1	무슨 상황이지?
2	어떻게 하지?
3	어떻게 될까? 그래, 이렇게 하자!
4	해결됐나?
5	다음엔 어떻게 할까?

문제해결 기술-연습 3

거기 조심 좀 하세요!

0	STOP!
1	무슨 상황이지?
2	어떻게 하지?
3	어떻게 될까? 그래, 이렇게 하자!
4	해결됐나?
5	다음엔 어떻게 할까?

엄마! 왜 안깨웠어!!

0	STOP!
1	무슨 상황이지?
2	어떻게 하지?
3	어떻게 될까? 그래, 이렇게 하자!
4	해결됐나?
5	다음엔 어떻게 할까?

문제해결 기술-연습 4

편의점 앞에서 만나서 축구하러 가기로 했는데 왜 아무도 없지? 축구장으로 가볼까?

O	STOP!
1	무슨 상황이지?
2	어떻게 하지?
3	어떻게 될까? 그래, 이렇게 하자!
4	해결됐나?
5	다음엔 어떻게 할까?

얼굴에도 묻고 옷에도 다 흘렸네……

O	STOP!
1	무슨 상황이지?
2	어떻게 하지?
3	어떻게 될까? 그래, 이렇게 하자!
4	해결됐나?
5	다음엔 어떻게 할까?

문제해결 기술-연습 5

0 STOP!

1 무슨 상황이지?

2 어떻게 하지?

3 어떻게 될까? 그래, 이렇게 하자!

4 해결됐나?

5 다음엔 어떻게 할까?

0 STOP!

1 무슨 상황이지?

2 어떻게 하지?

3 어떻게 될까? 그래, 이렇게 하자!

4 해결됐나?

5 다음엔 어떻게 할까?

2. 문제해결을 위한 탐색

✐ 목표

(1) 다양한 상황에서 문제해결을 위한 적절한 대처 방법들을 알 수 있다.

(2) 문제해결을 위한 우선순위를 파악할 수 있다.

✐ 활동내용

◆ 우선순위 정하기

(1) 최근에 있었던 문제 상황을 생각하고, 문제해결을 위해 가장 먼저 했던 행동을 이야기한다.

(2) 문제해결을 위해서 우선순위가 왜 필요한지 자유롭게 토론한다.

(3) 활동지 작성 시, 불이 난 집에서 빠르게 탈출해야 하는 상황임을 강조한다.

(4) 각 물건을 가방 속에 넣어야 하는 이유를 이야기한다.

(5) 시간이 촉박하여 딱 하나의 물건만 가지고 나올 수 있다면, 무엇인지 이야기한다.

(6) 활동을 정리하며 소감을 나누고, 다음 시간을 소개하며 마무리한다.

◆ 5초 우선순위

(1) 최근에 있었던 문제 상황을 생각하고, 문제해결을 위한 가장 먼저 했던 행동을 이야기한다.

(2) 문제해결을 위해서 우선순위가 왜 필요한지 자유롭게 토론한다.

(3) 활동 시작 전, 기본 규칙을 사전 구조화한다.

- 5초에 5가지의 물건을 이야기한다.
- 먼저 이름을 말한 순서대로 도전할 수 있고, 기회는 한 번이다.
- 어떤 물건이든 이유를 설명할 수 있으면 가능하다.

(4) 진행자는 무작위로 문제를 뽑아 규칙대로 진행한다.

(5) 나에게는 우선순위가 아니지만 다른 그룹원은 우선순위인 물건을 이야기한다.

(6) 모두 우선순위는 다르지만, 그 중에 공통적인 물건을 이야기한다.

(7) 공통적인 우선순위의 이유를 이야기한다.

(8) 활동을 정리하며 소감을 나누고, 다음 시간을 소개하며 마무리한다.

◆ 대안 나와라, 뚝딱!

(1) 한 가지 문제 상황에서도 한 가지 이상의 대안이 있을 수 있다는 것을 설명한다.

(2) 여러 가지의 대안을 통해 문제를 해결하고자 했던 경험을 이야기한다.

(3) 작성한 대안 중 자신이 예시와 같은 상황이라면 가장 먼저 어떤 대안으로 문제를 해결할지 생각하고, 이유도 함께 발표한다.

(4) 활동을 정리하며 소감을 나누고, 다음 시간을 소개하며 마무리한다.

활동 TIP

• [5초 우선순위] 질문지를 직접 작성할 수 있고, 대상자에 따라 시간을 10초로 늘리거나, 3가지의 물건을 이야기하는 것으로 진행할 수 있다.

우선순위 정하기

❓ 갑자기 집에 불이 났다. 옆에 있는 가방 속에 중요한 짐만 챙겨 나가려고 한다.
나는 무엇을 들고 나갈까?

5초 우선순위

학교 갈 때 챙길 물건

수련회 갈 때 챙길 물건

친구 만날 때 챙길 물건

현장체험학습 갈 때 챙길 물건

놀이동산 갈 때 챙길 물건

불났을 때 챙길 물건

무인도 갈 때 챙길 물건

가족 모임 갈 때 챙길 물건

스터디카페 갈 때 챙길 물건

대안 나와라, 뚝딱!

⑦ 예시 상황에서 다양한 대안을 생각하여 작성해 보세요.

• 내일 학원가기 전에 숙제를 하려고 했는데, 친한 친구가 내일 학원가기 전에 편의점에서 같이 점심을 먹자고 한다. 나도 같이 점심을 먹고 싶은데, 어떡하지?

• 친구와 주말에 만나서 볼링장도 가고 맛있는 것도 먹기로 했는데, 이번 주 용돈을 모두 사용했다. 어떡하지?

• 학교 가는 길에 오늘 수업 준비물을 가져오지 않은 것이 생각났다. 어떡하지?

3. 결과를 예측하고 평가하기

✎ 목표

(1) 다양한 상황에서 문제해결을 위한 적절한 대처 방법들을 알 수 있다.

(2) 다양한 상황에서 문제해결을 위한 결과를 예측하고 평가할 수 있다.

✎ 활동내용

◆ 해결 방법 이어 그리기

(1) 문제해결을 위해서 결과예측이 왜 필요한지 자유롭게 토론한다.

(2) 활동지의 주어진 상황만 보고 어떤 결과가 있을지 예측한다.

(3) 이 상황에서 어떻게 대처해야 문제가 해결되는지 발표한다.

(4) 해결 방법을 그대로 그리거나, 비현실적인 해결 방법을 그릴 수 있다.

(5) 자신이 경험한 문제 상황에서 결과를 예측했으나 예측과 달랐던 경험이 있다면 함께 이야기한다.

(6) 활동을 정리하며 소감을 나누고, 다음 시간을 소개하며 마무리한다.

활동 TIP

• [해결 방법 이어 그리기] 진행자는 해결 방법의 현실성에 초점을 두지 않고, 문제 상황 결과를 예측하는 것에 초점을 두어 진행한다.

해결방법 이어 그리기

❓ 보기와 같은 상황에서 나는 어떻게 대처할지 그림으로 완성해 보세요.

〈친구가 미끄러져 넘어지려는 상황〉

〈길에 떨어진 돈을 발견한 상황〉

4. 실패에 대처하기

✎ 목표

(1) 다양한 상황에서 문제해결을 위한 적절한 대처 방법들을 알 수 있다.

(2) 문제해결에서 실패가 무엇인지 알고 실패 경험을 통해 대처 방법들을 터득할 수 있다.

✎ 활동내용

◆ 랜덤 도구로 풍선 옮기기

(1) 내가 원하는 결과를 얻지 못했던 상황과 실패 경험을 자유롭게 이야기한다.

(2) 활동 시작 전, 기본 규칙을 사전 구조화한다.

   • 무작위로 뽑힌 자신의 도구를 수용한다.

   • 도구로만 풍선을 옮길 수 있고, 도구는 교체할 수 없다.

(3) 조별로 시작 전 도구가 적힌 종이를 뽑아 자신의 도구를 정한다.

(4) 첫 번째 조원이 시작하여 마지막 조원이 바구니에 넣는 풍선의 개수를 확인하여 승부를 정한다.

(5) 활동을 정리하며 소감을 나누고, 다음 시간을 소개하며 마무리한다.

◆ 실패 대처 신호등

(1) 내가 원하는 결과를 얻지 못했던 상황과 실패 경험을 자유롭게 이야기한다.

(2) 문제해결에서 실패가 무엇인지 생각하고 예상하지 못한 결과를 실패라고 할 때, 최근 경험을 이야기한다.

(3) 활동지 작성 시, 실패 상황은 ●, 상황의 결과를 받아들이는 생각은 ●, 적절한 대처 방법은 ●로 각 신호등 색 의미와 연결한다.

(4) 활동지의 다양한 상황을 어떠한 방법으로 결과를 받아들이고, 대처할지 작성한다.

(5) 발표 시, 실패한 상황이라고 생각했으나, 좋은 결과로 마무리했던 경험이 있다면 이야기 한다.

(6) 활동을 정리하며 소감을 나누고, 다음 시간을 소개하며 마무리한다.

활동 TIP

- [랜덤 도구로 풍선 옮기기] 진행자는 활동 시작 전, 활동지에 적힌 도구를 준비하거나 주변 환경에서 활용할 수 있는 도구들을 추가하여 작성하고 빈 상자에 도구가 적힌 종이를 접어 넣어 준비한다. 랜덤 도구로 풍선 배구도 진행할 수 있다.

랜덤 도구로 풍선 옮기기

국자

냄비

접시

숟가락

책

뒤집개

효자손

종이컵

귀이개

나무젓가락

실패 대처 신호등

❓ 실패 대처 신호등에 🔴 실패한 상황, ⚪ 결과를 받아들이는 생각, ⚪ 대처방법 작성해 보세요.

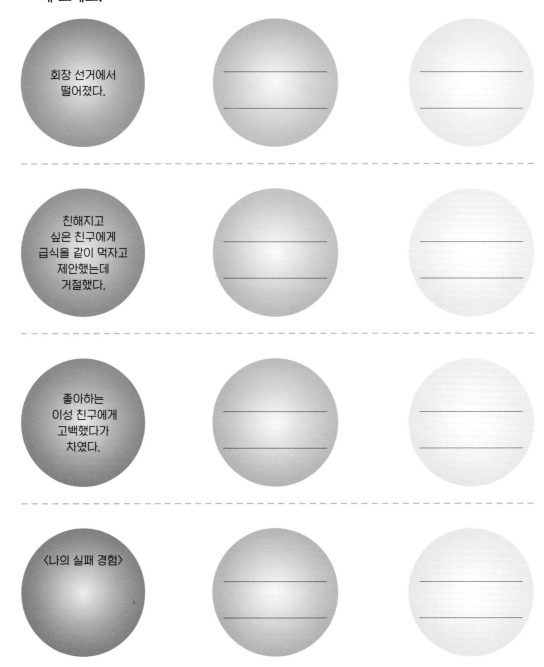

회장 선거에서 떨어졌다.

친해지고 싶은 친구에게 급식을 같이 먹자고 제안했는데 거절했다.

좋아하는 이성 친구에게 고백했다가 차였다.

〈나의 실패 경험〉

4장 현장에서의 적용

1. 지역사회 시설 이용하기
2. 전자통신매체 활용 기술

1. 지역사회 시설 이용하기

1) 대중교통

🖊 목표

(1) 다양한 대중교통 수단을 알고 적절하게 이용할 수 있다.

(2) 대중교통을 이용할 때 지켜야 할 예절 및 매너를 알 수 있다.

(3) 대중교통 이용 시 일어날 수 있는 여러 가지 상황을 생각하고 적절한 대처를 알 수 있다.

🖊 활동내용

◆ 지하철/버스/기차 타기

(1) 최근 대중교통을 이용했던 경험과 어려움을 이야기한다.

(2) 평소 가고 싶었던 곳이 있는지 생각하고 정해진 장소에 가기 위해서 어떤 교통수단을 이용하는 것이 적절한지 자유롭게 이야기한다.

(3) 지하철/버스/기차의 이용 절차 및 노선을 알고 있는지 생각하고 활동지를 작성한다(지하철/버스 이용 방법 알아보기의 경우 순서가 섞여 있으므로 활동 전 그룹원에게 이 부분을 미리 설명해 주는 것이 필요하다).

(4) 각자 돌아가며 발표한다.

(5) 활동을 정리하며 소감을 나누고, 다음 시간을 소개하며 마무리한다.

◆ 이럴 땐 어떻게 할까? (대중교통편)

(1) 최근 대중교통을 이용했던 경험과 어려움을 이야기한다.

(2) 대중교통을 이용할 때 발생할 수 있는 문제 상황에는 무엇이 있는지 생각하고 다양한 문제 상황을 해결하는 방법을 점검한다.

(3) 활동지를 작성하고 발표한다.

(4) 활동을 정리하며 소감을 나누고, 다음 시간을 소개하며 마무리한다.

◆ 대중교통 앱 사용하기

(1) 대중교통 앱을 사용해 본 적이 있는지 생각하고 앱을 사용할 때 좋았던 점과 어려웠던 점은 무엇인지 자유롭게 이야기한다.

(2) 평소 가고 싶었던 곳이 있는지 생각하고 찾아갈 곳의 정확한 위치를 파악한다.

(3) 지도 앱을 사용하여 이동 경로가 어떻게 되는지 알아본다.

(4) 활동지를 작성하고 발표한다.

(5) 활동을 정리하며 소감을 나누고, 다음 시간을 소개하며 마무리한다.

◆ 교통카드 충전하기

(1) 교통카드 사용 경험을 공유하고, 교통카드를 혼자서 충전해 본 적이 있는지 이야기한다.

(2) 교통카드 충전 방법을 알고 있는지 확인하고, 어려웠던 점은 무엇인지 생각한다.

(3) 활동지를 작성하고 발표한다.

(4) 활동을 정리하며 소감을 나누고, 다음 시간을 소개하며 마무리한다.

◆ 대중교통 예절 지키기 (O/X 퀴즈)

* 준비물: O/X 팻말

(1) 대중교통 이용 경험을 공유하고 대중교통 이용 시 지켜야 하는 예절에는 무엇이 있는지 생각한다.

(2) 그룹원 2명이 짝이 되어 대중교통 비매너 행동에 관한 역할극을 진행한다.

(3) 진행자가 읽어 주는 활동지 내용을 듣고 O/X 팻말로 답을 표시한다.

(4) 활동을 정리하며 소감을 나누고, 다음 시간을 소개하며 마무리한다.

활동 TIP

- 활동지에 제시된 과정에서 어려움이 예상되거나 연습이 필요하다고 생각하는 부분이 없다는 반응을 보인다면 진행자가 관련한 문제 상황을 제시하며 생각을 촉진할 수 있다.

- 학습한 지역사회 시설 이용과정을 실제 장면에서 적용해 볼 수 있도록 하고, 직용 과정에서 경험한 어려움을 다시 확인하고 연습을 반복한다.

- 키오스크 환경 및 선택 옵션 등은 매장이나 기기에 따라 달라질 수 있으므로 다양한 환경에서 충분한 연습이 이루어질 수 있도록 하고, 실전에 앞서 키오스크 교육용 애플리케이션을 활용할 수 있다.

- [지하철/버스/기차 타기] 그룹원이 평소 가보고 싶은 곳이 없다고 대답할 경우 임의로 장소를 지정해준다.

- [지하철/버스/기차 타기] 지도 앱 등을 활용하여 가고 싶은 장소의 정확한 위치와 최단 이동 거리 등을 함께 알아볼 수 있다.

- [대중교통 앱 사용하기] 네이버 지도, 카카오 맵 등 그룹원이 사용하기에 편안한 앱으로 이동 경로를 알아볼 수 있도록 지도한다.

지하철/버스/기차 타기 (1)

⊙ 뒤죽박죽 섞여 있는 사진을 순서에 맞게 번호를 적어 보세요.

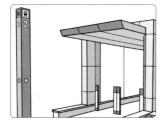

① 가까운 지하철역으로
이동한다.

② 지하철을 탄 후
전광판을 확인한다.

③ 교통카드를 찍고 들어간다.

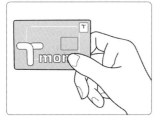

④ 지하철을 타러 가기 전에
교통카드를 챙긴다.

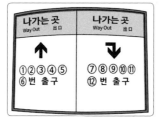

⑤ 나갈 곳의 지하철역 출구
번호를 확인하고 나온다.

⑥ 내가 가야 할 목적지가
어디인지 확인한다.

⑦ 도착역에 내려 교통카드를
찍고 나온다.

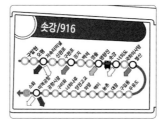

⑧ 지하철 노선도를 보고
도착할 역을 찾은 후 이동하는
방법을 확인한다.

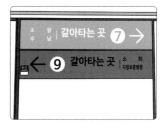

⑨ 환승역에 도착해서 내린 뒤,
도착역으로 가는 방향의
지하철을 탄다.

(   ) → (   ) → (   ) → (   ) → (   ) → (   ) → (   ) → (   ) → (   )

지하철/버스/기차 타기 (2)

❓ 뒤죽박죽 섞여 있는 사진을 순서에 맞게 번호를 적어 보세요.

① 내릴 정거장을 확인한다.

② 정류장에 도착하여 버스 노선을 확인한다.

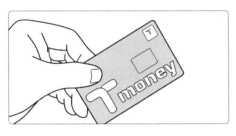

③ 버스를 타러 가기 전에
교통카드를 챙긴다.

④ 안내방송을 듣고, 내릴 목적지에서
벨을 누른다.

⑤ 버스가 오면 카드 리더기에
교통카드를 찍거나 현금을
내고 탄다.

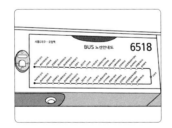

⑥ 내가 가야 할 목적지가
어디인지 확인한다.

⑦ 문 앞의 카드 리더기에
카드를 찍고 내린다.

( )→( )→( )→( )→( )→( )→( )

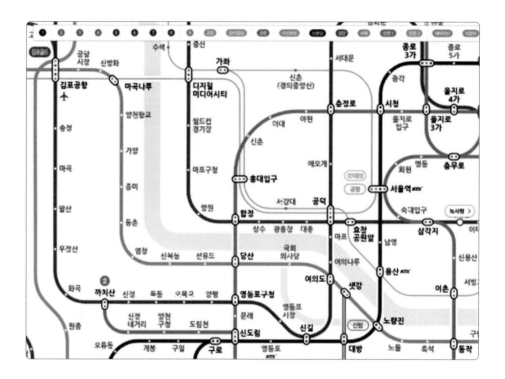

• 등촌역에서 홍대입구역까지 가려고 합니다. 몇 호선을 타면 될까요?

• 마포구청역에서 이대역까지 가려면 어느 역에서 환승하면 될까요?

• 까치산역에서 여의도역까지 가려고 합니다. 몇 호선을 타면 될까요?

• 염창역에서 서울역까지 가려면 어느 역에서 환승하면 될까요?

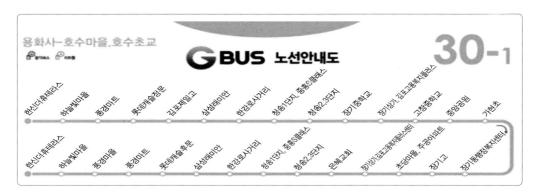

- 다미의 집은 장기중학교 정문 앞에 있어요. 다미의 집과 가까운 버스 정류장은 어디일까요?

- 구래환승센터에서 어떤 버스를 타고 몇 정거장을 가야 솔티고등학교에 도착할까요?

- 하늘빛 공원에 가기 위해서는 '하늘빛마을' 정류장에 내려야 해요. 다미의 집에서 하늘빛 공원에 가려면 몇 번 버스를 타야 할까요?

승차권

No. 09-180776

용산 ▶ 광주
Yongsan Gwangju

'17 07월 23일 16:35 ▶ 20:58

누리로   1425 열 차 (일반실)   4 호차 **입석**

운임요금 23,000   할인금액 3,400   영수액 **19,600**
신용 461724
161306-001 용산자동   28385-0723-10074-97

- 출발하는 역은 어디인가요? 몇 시에 출발 예정인가요?

- 도착하는 역은 어디인가요? 몇 시에 도착할 예정인가요?

- 타야 하는 기차의 종류는 무엇인가요?

- 이 승차권의 좌석 번호는 무엇인가요?

- 용산에서 광주까지 가는 이 기차의 운임은 얼마인가요?

이럴 땐 어떻게 할까? (대중교통편)

❓ 다음 상황에서 나라면 누구에게 어떻게 이야기할지 빈칸에 적어 보세요.

• 내가 내려야 하는 정류장을 지나쳤을 때

• 반대 방향에서 버스를 탔을 때

• 버스를 탔는데 교통카드 잔액이 부족할 때

• 소지품(가방, 옷 등)을 버스에 두고 내렸을 때

• 정류장에 내려야 하는데 기사님이 문을 안 열어주실 때

이럴 땐 어떻게 할까? (대중교통편)

❓ **다음 상황에서 나라면 누구에게 어떻게 이야기할지 빈칸에 적어 보세요.**

• 지하철을 타야 하는데 가방 안에 교통카드가 없을 때

• 목적지로 가야 하는데 어느 방면에서 지하철을 타야 할지 모를 때

• 반대 방향에서 지하철을 탔을 때

• 교통카드를 찍었는데 개찰구가 열리지 않을 때

• 지하철에서 내렸는데, 출구를 찾지 못할 때

• 일반 열차를 타야 하는데 급행을 탔을 때

이럴 땐 어떻게 할까? (대중교통편)

* 어떤 문제가 발생했나요?

* 이런 상황에서는 누구에게 어떻게 도움을 요청하는 것이 좋을까요?

* 제시된 그림과 비슷한 경험을 한 적이 있나요?

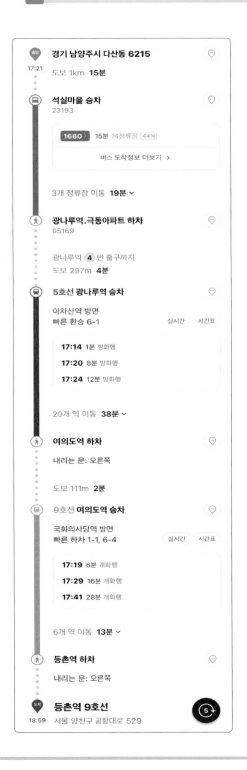

- 출발지와 도착지는 어디인가요?

- 출발지에서 광나루역까지 가기 위해 몇 번 버스를 타야 할까요?

- 광나루역 정류장까지는 몇 m 걸어가야 하나요?

- 광나루역 정류장에서 등촌역으로 가려면 환승해야 합니다. 환승해야 할 정류장과 몇 개 역을 이동하면 도착할지 적어 보세요.

대중교통 앱 사용하기 (2)

- 다미는 홍익대학교에서 등촌역으로 가려고 해요. 지도 앱의 길찾기 과정에서 출발과 도착 지역을 적어 보세요.

- 왼쪽 사진은 지도 앱에서 대중교통 길 찾기로 검색된 화면이에요. 홍대입구역에서 버스만 타고 이동했을 경우 어느 정류장에서 환승해야 할까요?

- 다미는 지금 홍대입구역 정류장에서 버스를 기다리고 있습니다. 등촌역까지 빨리 도착하려면 몇 번 버스를 타야 할까요?

대중교통 앱 사용하기 (3)

❓ 다미는 집에서 등촌역을 가려는데 스마트폰에 있는 지도 앱을 이용하여 길을 찾으려고 합니다. 지도 앱 사용하는 방법을 보고 순서에 맞게 나열하세요.

(1)

(2)

(3)

(4)

(5)

(   ) → (   ) → (   ) → (   ) → (   )

교통카드 충전하기

❓ 다미는 지하철역에서 교통카드를 충전하려고 합니다. 알맞은 순서대로 그림을 나열해 보세요.

① 영수증을 챙긴다.

② 교통카드 충전을 누른다.

③ 교통카드를 충전기 위에 놓는다.

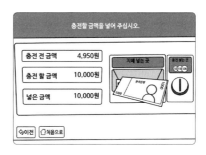

④ 충전 금액을 확인한다.

⑤ 충전할 금액을 선택한다.

⑥ 현금을 넣는다.

(   ) → (   ) → (   ) → (   ) → (   ) → (   )

대중교통 탈 때 지켜야 하는 규칙

| ① 버스 하차 벨을 계속 누른다. | O / X |

| ② 음료를 다 마신 뒤에 버스/지하철을 탄다. | O / X |

| ③ 큰 소리로 전화 통화를 한다. | O / X |

| ④ 버스/지하철 문이 열리면 새치기해서 빠르게 탄다. | O / X |

| ⑤ 비상용 망치를 꺼내서 장난친다. | O / X |

| ⑥ 다른 사람과 부딪히지 않도록 조심한다. | O / X |

| ⑦ 버스를 탈 때 길 아무 곳에나 내려달라고 소리친다. | O / X |

2) 병원, 약국

✎ 목표

(1) 지역사회 시설(병원,약국)을 알고 적절하게 이용할 수 있다.

(2) 병원과 약국을 이용할 때 지켜야 할 예절 및 매너를 알 수 있다.

(3) 병원과 약국 이용 시 일어날 수 있는 여러 가지 상황을 생각하고 적절한 대처를 알 수 있다.

✎ 활동내용

◆ 병원/약국 가기

(1) 최근 병원/약국을 이용했던 경험과 어려움을 이야기한다.

(2) 병원/약국에 갔을 때 가장 먼저 무엇을 해야 하는지 생각한다.

(3) 병원/약국에 갔을 때 주의해야 하는 점을 이야기한다.

　　예) 진료 접수증 작성 시 알아야 하는 정보를 설명하고, 초진/재진의 차이점, 작성 후 누구에게 접수증을 줘야 하는지 등

(4) 활동지를 작성하고 발표한다.

(5) 활동을 정리하며 소감을 나누고, 다음 시간을 소개하며 마무리한다.

◆ 어느 병원에 가야 할까?

(1) 최근 병원을 이용했던 경험을 공유한다.

(2) 내가 알고 있는 병원은 무엇이 있는지 생각하고 이야기한다.

(3) 증상에 따라, 가는 병원이 다름을 이해하고 있는지 생각한다.

(4) 활동지를 작성하고 발표한다.

(5) 활동을 정리하며 소감을 나누고, 다음 시간을 소개하며 마무리한다.

◆ 이럴 땐 어떻게 할까? (병원 편)

(1) 최근 병원을 이용했던 경험을 공유한다.

(2) 병원을 이용할 때 발생할 수 있는 문제 상황에는 무엇이 있는지 생각한다.

(3) 다양한 문제 상황을 해결하는 방법에는 무엇이 있는지 이야기한다.

(4) 활동지를 작성하고 발표한다.

(5) 활동을 정리하며 소감을 나누고, 다음 시간을 소개하며 마무리한다.

◆ 약 복용 방법 알기

(1) 최근 약 처방을 받았던 경험과 어려움을 이야기한다.

(2) 약 처방을 받았을 때 살펴봐야 할 정보는 무엇인지 생각한다.

　　예) 언제 먹어야 하는지, 어느 정도 먹어야 하는지 등

(3) 활동지를 작성하고 발표한다.

(4) 활동을 정리하며 소감을 나누고, 다음 시간을 소개하며 마무리한다.

◆ 이럴 땐 어떻게 할까? (약국 편)

(1) 최근 약국을 이용했던 경험과 어려움을 이야기한다.

(2) 약국 이용 시 발생할 수 있는 문제 상황은 무엇인지 생각한다.

(3) 다양한 문제 상황을 해결하는 방법은 무엇이 있는지 이야기한다.

(4) 활동지를 작성하고 발표한다.

(5) 활동을 정리하며 소감을 나누고, 다음 시간을 소개하며 마무리한다.

- 활동지에 제시된 과정에서 어려움이 예상되거나 연습이 필요하다고 생각하는 부분이 없다는 반응을 보인다면 진행자가 관련한 문제 상황을 제시하며 생각을 촉진할 수 있다.

- 학습한 지역사회 시설 이용과정을 실제 장면에서 적용해 볼 수 있도록 하고, 적용 과정에서 경험한 어려움을 다시 확인하고 연습을 반복한다.

- 키오스크 환경 및 선택 옵션 등은 매장이나 기기에 따라 달라질 수 있으므로 다양한 환경에서 충분한 연습이 이루어질 수 있도록 하고, 실전에 앞서 키오스크 교육용 애플리케이션을 활용할 수 있다.

- [병원/약국 가기] 병원/약국에서 해야 하는 일에 관한 그림 카드를 제시한 뒤 그룹원이 카드를 순서대로 맞춰볼 수 있도록 지도할 수 있다.

❓ 뒤죽박죽 섞여 있는 사진을 순서에 맞게 번호를 적어 보세요.

① 이름을 부르면 약을 받는다.

② 약국의 약사에게
처방전을 준다.

③ 병원에 도착하면 접수대로
가서 접수한다.

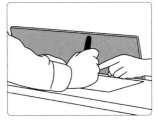

④ 접수대에서 이름 및 연락처를
말하거나 적는다.

⑤ 순서가 되면 의사선생님께
진찰받는다.

⑥ 계산을 한다.

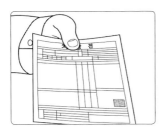

⑦ 수납 후 처방전을 받는다.

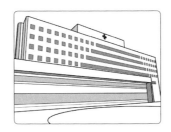

⑧ 가야 할 병원을 정한다.

⑨ 처방전을 들고 약국에 간다.

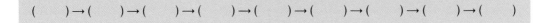

(   ) → (   ) → (   ) → (   ) → (   ) → (   ) → (   ) → (   ) → (   )

병원/약국에 가요 (2)

② 진료 접수증을 작성해 보세요.

<table>
<tr><td colspan="2" style="text-align:center">진료접수증</td></tr>
<tr><td colspan="2" style="text-align:right">□ 초진　　□ 재진</td></tr>
<tr><td>성함</td><td></td></tr>
<tr><td>주민번호</td><td></td></tr>
<tr><td>연락처</td><td></td></tr>
<tr><td>주소</td><td></td></tr>
<tr><td colspan="2">본인은 진료 및 국민건강보험 적용의 목적으로 개인 정보 수집 이용에 동의합니다.
　　20　.　.　.　　　　　　(서명)</td></tr>
</table>

이화종합병원

• 초진(병원에 처음 왔을 경우)

• 재진(병원에 온 적이 있을 경우)

• 접수증을 작성했다면, 병원에 있는 간호사 선생님에게 드려서 접수를 해야 한다.

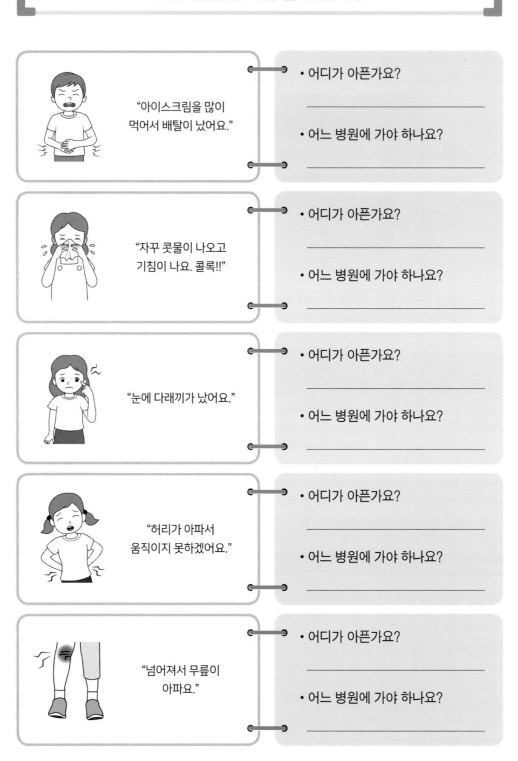

"아이스크림을 많이 먹어서 배탈이 났어요."

- 어디가 아픈가요?
  _____
- 어느 병원에 가야 하나요?
  _____

"자꾸 콧물이 나오고 기침이 나요. 콜록!!"

- 어디가 아픈가요?
  _____
- 어느 병원에 가야 하나요?
  _____

"눈에 다래끼가 났어요."

- 어디가 아픈가요?
  _____
- 어느 병원에 가야 하나요?
  _____

"허리가 아파서 움직이지 못하겠어요."

- 어디가 아픈가요?
  _____
- 어느 병원에 가야 하나요?
  _____

"넘어져서 무릎이 아파요."

- 어디가 아픈가요?
  _____
- 어느 병원에 가야 하나요?
  _____

어느 병원에 가야 할까요? (2)

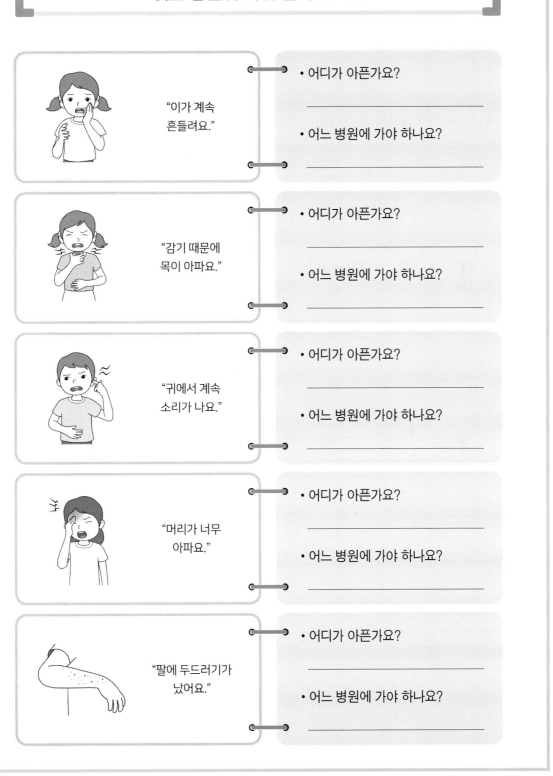

"이가 계속 흔들려요."

- 어디가 아픈가요?

  _____

- 어느 병원에 가야 하나요?

"감기 때문에 목이 아파요."

- 어디가 아픈가요?

  _____

- 어느 병원에 가야 하나요?

"귀에서 계속 소리가 나요."

- 어디가 아픈가요?

  _____

- 어느 병원에 가야 하나요?

"머리가 너무 아파요."

- 어디가 아픈가요?

  _____

- 어느 병원에 가야 하나요?

"팔에 두드러기가 났어요."

- 어디가 아픈가요?

  _____

- 어느 병원에 가야 하나요?

이럴 땐 어떻게 할까? (병원편)

❓ 다음 상황에서 나라면 누구에게 어떻게 이야기할지 빈칸에 적어 보세요.

• 알약을 못 먹는데 의사선생님이 알약을 처방해 줄 때

• 병원에서 어느 진료과를 가야 할지 모를 때

• 약을 복용했는데도 증상이 나아지지 않을 때

• 머리가 아픈데 병원이 어디 있는지 모를 때

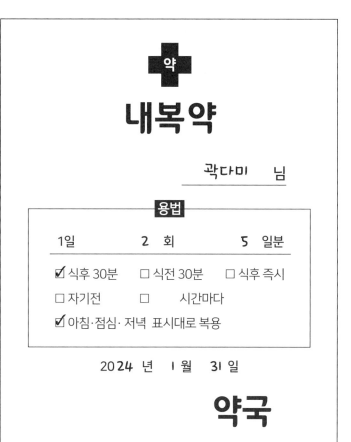

- 누구의 약인가요?

- 약을 언제 복용해야 하나요?

- 하루에 몇 번 복용해야 하나요?

이럴 땐 어떻게 할까? (약국편)

❓ **다음 상황에서 나라면 누구에게 어떻게 이야기할지 빈칸에 적어 보세요.**

• 약을 어떻게 먹어야 하는지 잘 모를 때

>

• 병원에 가지 않고 약을 사고 싶을 때

>

• 내가 찾는 약이 없을 때

>

• 약을 먹고 몸이 이상할 때

>

• 무슨 약을 사야 할지 잘 모를 때

>

3) 마트, 편의점

✏ 목표

(1) 지역사회 시설(마트, 편의점)을 알고 적절하게 이용할 수 있다.

(2) 마트와 편의점을 이용할 때 지켜야 할 예절 및 매너를 알 수 있다.

(3) 마트와 편의점 이용 시 일어날 수 있는 여러 가지 상황을 생각하고 적절한 대처를 알 수 있다.

✏ 활동내용

◆ 마트/편의점 가기

(1) 최근 마트/편의점을 이용했던 경험과 어려움을 이야기한다.

(2) 마트/편의점에 갔을 때 가장 먼저 무엇을 해야 하는지 생각한다.

(3) 마트/편의점에 갔을 때 주의해야 하는 점은 무엇이 있는지 확인한다.

- 자신이 가진 돈을 확인하고 구매할 물건만 고른다.
- 장바구니 혹은 카트로 장난을 치지 않는다.
- 계산하기 전에 물건을 뜯어서 먹거나 마시지 않는다.
- 영수증의 금액과 물건의 금액이 맞는지 확인한다.

(4) 활동지를 작성하고 발표한다.

(5) 활동을 정리하며 소감을 나누고, 다음 시간을 소개하며 마무리한다.

◆ 이럴 땐 어떻게 할까? (마트 편)

(1) 최근 마트를 이용했던 경험과 어려움을 이야기한다.

(2) 마트를 이용할 때 발생할 수 있는 문제 상황에는 무엇이 있는지 생각하고 다양한 문제 상황을 해결하는 방법을 이야기한다.

(3) 활동지를 작성하고 발표한다.

- 2명이 한 조가 되어 각 상황을 역할극으로 진행해 볼 수 있다.

(4) 활동을 정리하며 소감을 나누고, 다음 시간을 소개하며 마무리한다.

활동 TIP

- 활동지에 제시된 과정에서 어려움이 예상되거나 연습이 필요하다고 생각하는 부분이 없다는 반응을 보인다면 진행자가 관련한 문제 상황을 제시하며 생각을 촉진할 수 있다.
- 학습한 지역사회 시설 이용 과정을 실제 장면에서 적용해 볼 수 있도록 하고, 적용 과정에서 경험한 어려움을 다시 확인하고 연습을 반복한다.
- 키오스크 환경 및 선택 옵션 등은 매장이나 기기에 따라 달라질 수 있으므로 다양한 환경에서 충분한 연습이 이루어질 수 있도록 하고, 실전에 앞서 키오스크 교육용 애플리케이션을 활용할 수 있다.
- [마트/편의점 가기] 마트/편의점에서 해야 하는 일에 관한 그림 카드를 제시한 뒤 그룹원이 카드를 순서대로 맞춰볼 수 있도록 지도할 수 있다.

마트 가기

❓ 뒤죽박죽 섞여 있는 사진을 순서에 맞게 번호를 적어 보세요.

① 사고 싶은 물건을 찾아 카트에 담는다.

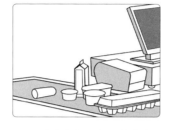

② 계산대에 물건을 하나씩 올려놓는다.

③ 집 근처 마트에 간다.

④ 물건과 영수증을 받는다.

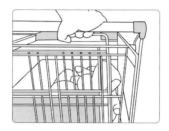

⑤ 카트를 밀고 계산대로 이동한다.

⑥ 마트에 가기 전, 사고 싶은 물건을 정한다.

⑦ 마트에 들어가 카트를 찾는다.

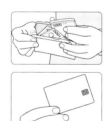

⑧ 현금 혹은 카드로 결제한다.

(   ) → (   ) → (   ) → (   ) → (   ) → (   ) → (   ) → (   )

편의점 가기

❓ 뒤죽박죽 섞여 있는 사진을 순서에 맞게 번호를 적어 보세요.

① 바코드를 찍을 동안 기다린다.

② 물건을 가지고 밖으로 나온다.

③ 사려고 하는 물건을 고른다.

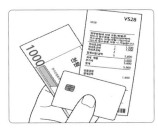

④ 카드나 잔돈을 돌려받고 영수증을 챙긴다.

⑤ 편의점을 찾아 들어간다.

⑥ 내야 할 금액을 확인한다.

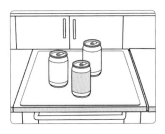

⑦ 사려는 물건을 계산대 위에 올려놓는다.

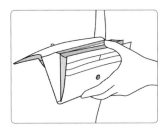

⑧ 편의점에 가기 전, 내가 가진 금액을 확인한다.

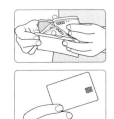

⑧ 현금 혹은 카드로 결제한다.

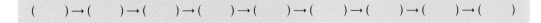

( ) → ( ) → ( ) → ( ) → ( ) → ( ) → ( ) → ( ) → ( )

이럴 땐 어떻게 할까? (마트편)

❓ 다음 상황에서 나라면 누구에게 어떻게 이야기할지 빈칸에 적어 보세요.

• 사고 싶은 물건을 찾지 못할 때

• 물건을 계산하다가 사고 싶지 않은 물건이 생겼을 때

• 포인트로 할인 받을 수 있는지 확인하고 싶을 때

• 마트 상품권을 사용해서 계산하고 싶을 때

• 하루 전에 마트에서 산 물건을 환불하고 싶을 때

4) 음식점, 카페

✎ 목표

(1) 지역사회 시설(음식점, 카페)을 알고 적절하게 이용할 수 있다.

(2) 음식점, 카페 등 식당을 이용할 때 지켜야 할 예절 및 매너를 알 수 있다.

(3) 식당 이용 시 일어날 수 있는 여러 가지 상황을 생각하고 적절한 대처를 알 수 있다.

✎ 활동내용

◆ 식당 이용하기

(1) 최근 식당을 이용했던 경험과 어려움을 이야기한다.

(2) 활동지에 제시된 과정을 살펴보고 어려움이 예상되거나 연습이 필요하다고 생각하는 부분을 체크한다.

(3) 그렇게 생각한 이유와 예상되는 어려움을 생각해 보고 롤플레잉을 통해 연습한다.

(4) 활동을 정리하며 소감을 나누고, 다음 시간을 소개하며 마무리한다.

◆ 패스트푸드점·카페 이용하기

(1) 최근 패스트푸드점이나 카페를 이용했던 경험과 어려움을 이야기한다.

(2) 활동지에 제시된 과정을 살펴보고 어려움이 예상되거나 연습이 필요하다고 생각하는 부분을 체크한다.

(3) 그렇게 생각한 이유와 예상되는 어려움을 생각하고 롤플레잉을 통해 연습한다.

(4) 활동을 정리하며 소감을 나누고, 다음 시간을 소개하며 마무리한다.

◆ 키오스크 사용하여 주문하기 (패스트푸드점/카페)

(1) 최근 키오스크를 사용하여 메뉴를 주문했던 경험을 이야기한다.

(2) 키오스크 사용의 좋았던 점과 어려웠던 점을 이야기한다.

(3) 활동지를 작성하고 정답을 확인하며 키오스크를 사용한 주문 과정을 정리한다.

(4) 평소 자주 이용하는 매장이나 즐겨 찾는 메뉴를 이야기하고, 메뉴를 제시하여 그에 따라 어떤 주문 과정이 이루어질지 이야기한다.

(5) 활동을 정리하며 소감을 나누고, 다음 시간을 소개하며 마무리한다.

◆ 이럴 땐 어떻게 할까? (음식점·카페 이용 편) - O/X 퀴즈

* 준비물: O/X 팻말

(1) 최근 음식점이나 카페를 이용했던 경험과 어려움을 이야기한다.

(2) 음식점·카페를 이용할 때 발생할 수 있는 문제 상황이나 어떠한 요구 및 요청이 필요한 상황에는 무엇이 있는지 생각한다.

(3) 진행자가 읽어 주는 활동지 내용을 듣고 O/X판으로 답을 표시한다.

(4) 제시된 상황에 따라 어떻게 이야기할 수 있을지 생각하며 효과적인 대처 방법을 이야기한다.

(5) 어렵게 생각되는 몇 가지 상황을 선택하여 롤플레잉 한다.

(6) 활동을 정리하며 소감을 나누고, 다음 시간을 소개하며 마무리한다.

활동 TIP

- 활동지에 제시된 과정에서 어려움이 예상되거나 연습이 필요하다고 생각하는 부분이 없다는 반응을 보인다면 진행자가 관련한 문제 상황을 제시하며 생각을 촉진할 수 있다.

- 학습한 지역사회 시설 이용 과정을 실제 장면에서 적용해 볼 수 있도록 하고, 적용 과정에서 경험한 어려움을 다시 확인하고 연습을 반복한다.

- 키오스크 환경 및 선택 옵션 등은 매장이나 기기에 따라 달라질 수 있으므로 다양한 환경에서 충분한 연습이 이루어질 수 있도록 하고, 실전에 앞서 키오스크 교육용 애플리케이션을 활용할 수 있다.

식당 이용하기

식당 이용 과정을 살펴보고 어려움이 예상되거나
연습이 필요하다고 생각하는 부분을 체크해 보세요.

식당에 들어가 인원수를 이야기하고 점원의 안내를 기다린다.

간편한 김밥류		정성가득 김밥류		우동 & 만두	
원조김밥	1500	계란말이	1500	김치우동	1500
치즈김밥	2000	날치알김밥	2000	오뎅우동	2000
야채김밥	2000	야채돈까스김밥	2000	고기만두	2000
김치김밥	2000	김치돈까스김밥	2000	김치만두	2000
소고기김밥	2500	모듬김밥	2500	수제돈까스	2500
참치김밥	2500	우동	2500	김치볶음밥	2500

든든한 밥류		맛있는 분식류		맛있는 분식류	
새우볶음밥	2500	갈비탕	5500	피자떡볶이	4000

메뉴판을 확인하고 주문할 메뉴를 정한다.

호출벨 호출 또는 점원을 불러 주문한다.

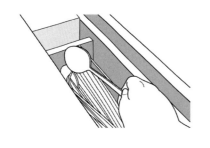

음식이 나오길 기다리며 식탁 위에 숟가락, 젓가락 등의 도구를 놓는다.

물과 밑반찬 등 셀프서비스 여부를 확인하여 준비한다.

식사를 마친 후, 영수증을 확인한다.

계산대로 가서 영수증을 주고 계산한다.

거스름돈 및 결제영수증을 확인한다.

패스트푸드점·카페 이용하기

식당 이용 과정을 살펴보고 어려움이 예상되거나
연습이 필요하다고 생각하는 부분을 체크해 보세요.

	매장 이용 시, 앉을 자리가 있는지 확인한다.	
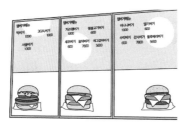	메뉴판을 확인하고 주문할 메뉴를 정한다.	
	주문을 하기 위해 줄을 서서 기다린다.	
	카운터에서 메뉴를 주문한다.	

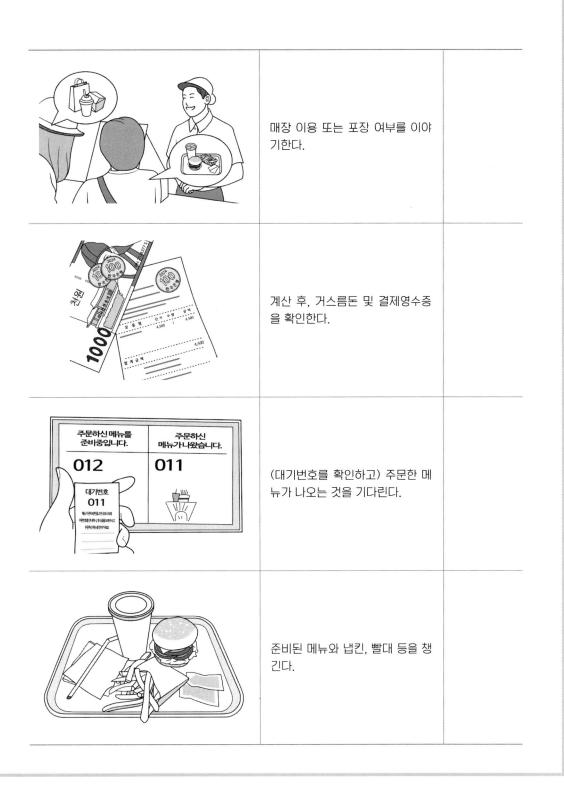	매장 이용 또는 포장 여부를 이야기한다.	
	계산 후, 거스름돈 및 결제영수증을 확인한다.	
	(대기번호를 확인하고) 주문한 메뉴가 나오는 것을 기다린다.	
	준비된 메뉴와 냅킨, 빨대 등을 챙긴다.	

자리로 이동한다.

맛있게 먹는다.

매장 이용 시, 다 먹은 테이블을 정리하고 쓰레기를 분리하여 버린다.

키오스크 사용하여 주문하기 (패스트푸드점)

❓ 다음은 메뉴 주문 과정의 키오스크 화면이다. 순서에 맞게 나열하세요.

① 화면을 터치한다.

② 포장 여부를 선택한다.

③ 원하는 메뉴를 선택한다.

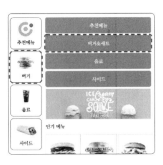

④ 원하는 메뉴의 카테고리를
선택한다.

⑤ 단품 또는 세트 선택.
세트 선택 시, 사이즈를 선택한다.

⑥ 세트 메뉴 선택 시,
사이드 메뉴와 음료를 선택한다.

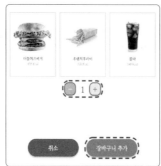

⑦ 주문수량을 확인하고 '주문완료' 버튼을 누른다.

⑧ 선택한 정보를 확인하고 장바구니에 추가한다.

⑨ 결제방법을 선택하고 결제한다.

⑩ 주문번호와 영수증을 확인한다.

⑪ 추가 주문이 있는 경우 선택하고, 모두 선택했다면 장바구니 확인 후 '주문하기' 버튼을 누른다.

(   ) → (   ) → (   ) → (   ) → (   ) → (   ) → (   )

→ (   ) → (   ) → (   ) → (   )

키오스크 사용하여 주문하기 (카페)

❓ 다음은 메뉴 주문 과정의 키오스크 화면이다. 순서에 맞게 나열하세요.

① 메뉴를 선택하고 추가요청사항을 선택한다.

② 화면을 터치한다.

③ 원하는 메뉴의 카테고리를 선택한다.

④ 결제방법을 선택하고 결제한다.

⑤ 원하는 메뉴를 모두 선택 후 장바구니를 확인하고 '결제하기' 버튼을 누른다.

⑥ 주문정보를 다시 확인하고 '확인' 버튼을 누른다.

⑦ 주문번호와 영수증을 확인한다.

(   ) → (   ) → (   ) → (   ) → (   ) → (   ) → (   )

이럴 땐 어떻게 할까? (음식점·카페 이용 편)

① 주문한 메뉴가 잘못 나왔을 때

맛있어 보이면 그냥 먹는다.	O / X
장난하는 거냐며 제대로 항의한다.	O / X

② 기다려도 메뉴가 나오지 않을 때

배려하는 마음으로 더 기다린다.	O / X
주문이 정상적으로 들어갔는지 확인한다.	O / X

③ 주문한 메뉴에 대한 추가 요구사항이 있을 때

나는 양파가 싫지만 참고 먹는다.	O / X
빼고 싶은 재료가 들어가는지 먼저 확인하고 빼줄 것을 요청한다.	O / X

④ 점원이 바빠서 보지 못 할 때

못 들을 수 있으니 가까이에서 붙잡아 주목을 끈다.	O / X
작게 얘기하면 들리지 않으니 크게 소리쳐 부른다.	O / X

⑤ 자리를 이동하고 싶을 때

빈자리에 자유롭게 이동해 앉는다.	O / X
자리를 옮기는 것은 주변에 폐가 되니 그냥 앉는다.	O / X

⑥ 앉으려는 자리의 테이블이 더러울 때

청결상태가 불량한 것에 대해 항의한다.	O / X
더러운 자리는 피한다.	O / X

⑦ 남은 음식을 포장하고 싶을 때

적당히 직접 챙긴다.	O / X
포장이 가능한지 확인하고 요청한다.	O / X

5) 은행

✏ 목표

(1) 지역사회 시설(은행)을 알고 적절하게 이용할 수 있다.

(2) 은행을 이용할 때 지켜야 할 예절 및 매너를 알 수 있다.

(3) 은행 이용 시 일어날 수 있는 여러 가지 상황을 생각하고 적절한 대처를 알 수 있다.

✏ 활동내용

◆ 은행 창구 이용하기

(1) 최근 은행을 이용했던 경험을 공유한다.

(2) 은행에서의 다양한 업무를 생각하고 그 가운데 내가 이용할 만한 업무에는 어떤 것이 있을지 이야기한다.

(3) 은행 업무를 위해 필요한 기본적인 준비물과 대체할 수 있는 서류를 이야기한다.

(4) 활동지에 제시된 과정을 살펴보고 어려움이 예상되거나 연습이 필요하다고 생각하는 부분을 체크한다.

(5) 그렇게 생각한 이유와 예상되는 어려움을 생각하고 롤플레잉을 통해 연습한다.

(6) 활동을 정리하며 소감을 나누고, 다음 시간을 소개하며 마무리한다.

◆ ATM(현금 자동인출기) 사용하기 (입금/출금/계좌이체)

(1) 최근 ATM(현금 자동인출기)을 이용했던 경험과 어려움을 이야기한다.

(2) ATM 사용 경험과 기기를 활용한 다양한 업무를 이야기한다.

(3) 입금, 출금, 계좌이체 각각의 개념을 이야기하고 활동지를 작성한다.

(4) 정답을 확인하고 과정을 정리한다.

(5) 각각의 과정을 위해 필요한 준비물과 알아야 할 정보, 주의사항에는 어떤 것이 있는지 이야기한다.

(6) 활동을 정리하며 소감을 나누고, 다음 시간을 소개하며 마무리한다.

- 활동지에 제시된 과정에서 어려움이 예상되거나 연습이 필요하다고 생각하는 부분이 없다는 반응을 보인다면 진행자가 관련한 문제 상황을 제시하며 생각을 촉진할 수 있다.
- 학습한 지역사회 시설 이용 과정을 실제 장면에서 적용해 볼 수 있도록 하고, 적용 과정에서 경험한 어려움을 다시 확인하고 연습을 반복한다.
- 키오스크 환경 및 선택 옵션 등은 매장이나 기기에 따라 달라질 수 있으므로 다양한 환경에서 충분한 연습이 이루어질 수 있도록 하고, 실전에 앞서 키오스크 교육용 애플리케이션을 활용할 수 있다.

은행 창구 이용하기

은행 창구 이용 과정을 살펴보고 어려움이 예상되거나
연습이 필요하다고 생각하는 부분을 체크해 보세요.

	원하는 은행 업무에 맞는 번호표를 뽑는다.	
	대기번호를 확인한다.	
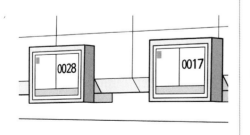	스크린을 살피며 순번을 기다린다.	

차례가 되면
신분증 및 필요서류, 현금, 통장 등
을 챙겨 창구로 향한다.

* 신분증에 주민등록번호 뒷자리
가 적혀 있지 않다면,
최근 3개월 이내의 주민등록초본
을 지참해야 한다.

은행원에게 원하는
은행 업무를 이야기하고 안내에
따른다.

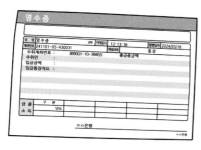

통장 및 거래영수증을 확인한다.

ATM 사용하기 (입금)

❓ 다음은 입금 과정의 ATM 화면이다. 순서에 맞게 나열하세요.

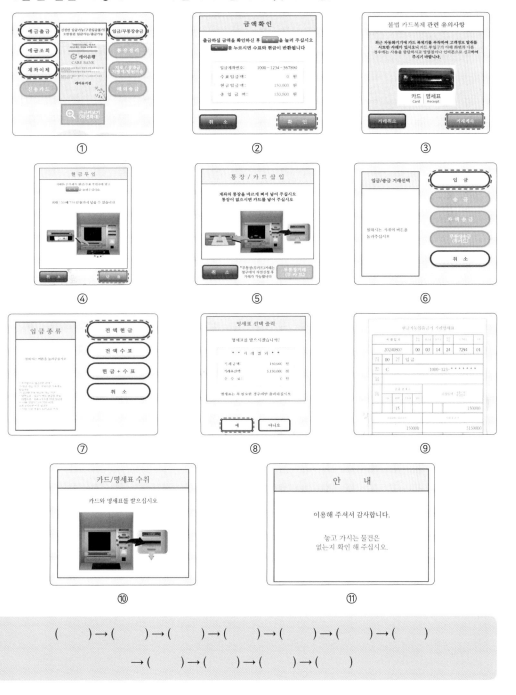

$$(\quad) \to (\quad) \to (\quad) \to (\quad) \to (\quad) \to (\quad) \to (\quad)$$

$$\to (\quad) \to (\quad) \to (\quad) \to (\quad)$$

ATM 사용하기 (출금)

❓ 다음은 출금 과정의 ATM 화면이다. 순서에 맞게 나열하세요.

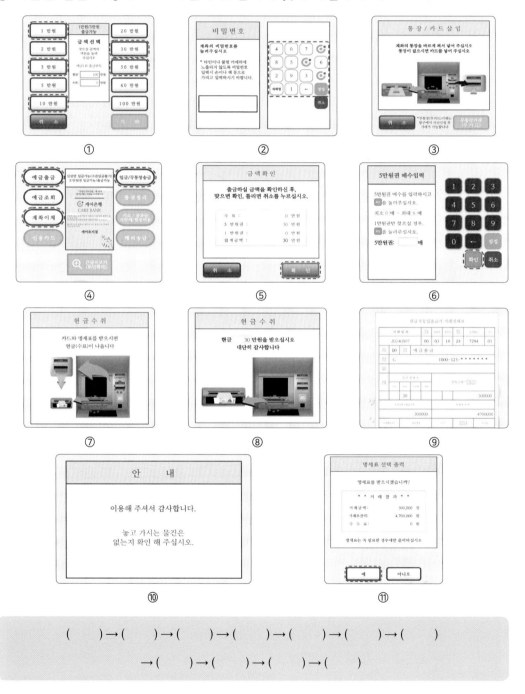

$$(\quad) \rightarrow (\quad) \rightarrow (\quad) \rightarrow (\quad) \rightarrow (\quad) \rightarrow (\quad) \rightarrow (\quad)$$

$$\rightarrow (\quad) \rightarrow (\quad) \rightarrow (\quad) \rightarrow (\quad)$$

ATM 사용하기 (계좌이체)

⊙ 다음은 계좌이체 과정의 ATM 화면이다. 순서에 맞게 나열하세요.

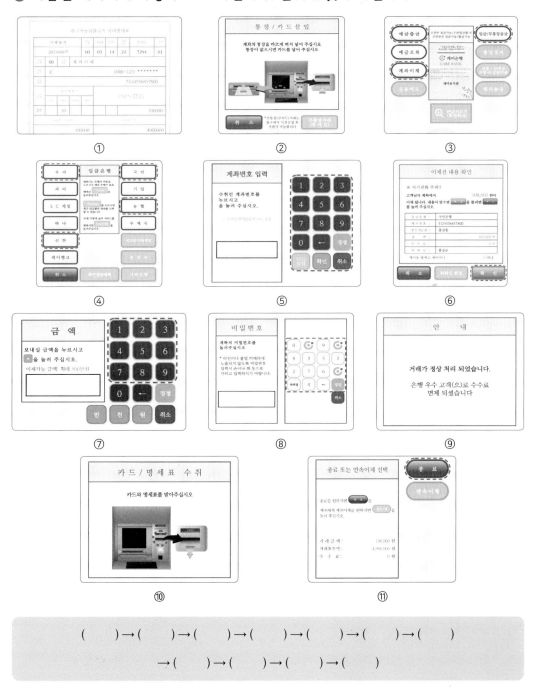

6) 영화관

🖊 목표

(1) 지역사회 시설(영화관)을 알고 적절하게 이용할 수 있다.

(2) 영화관을 이용할 때 지켜야 할 예절과 매너를 알 수 있다.

(3) 영화관 이용 시 일어날 수 있는 여러 가지 상황을 생각하고 적절한 대처를 알 수 있다.

🖊 활동내용

◆ 영화 예매하기 (키오스크)

(1) 최근 키오스크를 사용하여 직접 예매했던 경험을 이야기한다.

(2) 키오스크 사용의 좋았던 점과 어려웠던 점을 이야기한다.

(3) 활동지를 작성하고 정답을 확인하며 키오스크를 사용한 예매 과정을 정리한다.

(4) 활동을 정리하며 소감을 나누고, 다음 시간을 소개하며 마무리한다.

◆ 모바일 예매하기 - 예매 티켓 출력하기

(1) 최근 모바일을 통해 직접 예매했던 경험과 어려움을 이야기한다.

(2) 활동지에 제시된 과정을 살펴보고 어려움이 예상되거나 연습이 필요하다고 생각하는 부분을 체크한다.

(3) 그렇게 생각한 이유와 예상되는 어려움을 이야기한다.

(4) 평소 자주 이용하는 영화관 이용과 예매를 실제 앱을 활용하여 연습한다.

(5) 활동을 정리하며 소감을 나누고, 다음 시간을 소개하며 마무리한다.

◆ 영화관 이용 에티켓 - O/X 퀴즈

* 준비물: O/X 팻말

(1) 영화관 이용 경험을 공유하고 지켜야 하는 에티켓은 무엇이 있는지 이야기한다.

(2) 진행자가 읽어 주는 활동지 내용을 듣고 O/X 팻말로 답을 표시한다.

(3) 각자 어떤 문제에서 답을 틀렸는지 확인하고 서로 생각이 다른 부분을 이야기한다.

(4) 몇 가지 상황을 선택하여 롤플레잉하고 적절한 행동을 연습한다.

(5) 활동을 정리하며 소감을 나누고, 다음 시간을 소개하며 마무리한다.

활동 TIP

- 활동지에 제시된 과정에서 어려움이 예상되거나 연습이 필요하다고 생각하는 부분이 없다는 반응을 보인다면 진행자가 관련한 문제 상황을 제시하며 생각을 촉진할 수 있다.

- 학습한 지역사회 시설 이용 과정을 실제 장면에서 적용해 볼 수 있도록 하고, 적용 과정에서 경험한 어려움을 다시 확인하고 연습을 반복한다.

- 키오스크 환경 및 선택 옵션 등은 매장이나 기기에 따라 달라질 수 있으므로 다양한 환경에서 충분한 연습이 이루어질 수 있도록 하고, 실전에 앞서 키오스크 교육용 애플리케이션을 활용할 수 있다.

- 영화관 애플리케이션마다 제공하는 인터페이스에 차이가 있을 수 있으므로 각자 접근성이 높고 주로 이용하는 영화관의 앱을 사용하여 직접 연습해 볼 수 있도록 한다.

영화 예매하기 (키오스크)

❓ 다음은 영화 예매 과정의 키오스크 화면이다. 순서에 맞게 나열하세요.

① '티켓구매' 버튼을 누른다.

② 희망하는 날짜의 시간표에서 원하는 영화와 시간을 선택한다.

③ 영화 관람을 원하는 날짜를 선택한다.

④ 관람 인원수를 선택한다.

⑤ 결제방법을 선택하고 결제한다.

⑥ 좌석을 선택하고 '결제하기' 버튼을 누른다.

⑦ 티켓구매/출력을 터치한다.

⑧ 결제가 완료되면 출력된 티켓을 확인한다.

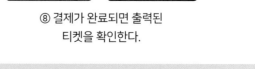
( ) → ( ) → ( ) → ( ) → ( ) → ( ) → ( ) → ( )

모바일 예매·예매 티켓 출력하기

영화 예매 및 서비스 이용 과정을 살펴보고 어려움이 예상되거나
연습이 필요하다고 생각하는 부분을 체크해 보세요.

① 모바일에서 영화관 앱에 접속하여 영화 예매하기

	관람을 원하는 영화관 앱에 접속한다.	
	앱 홈 화면에서 '지금예매' 버튼을 누른다. * 처음부터 원하는 영화를 찾아 하단에 있는 예매 버튼을 눌러도 된다.	
	희망하는 지점과 날짜 및 시간을 선택하여 시간표를 조회한다.	

조회된 시간표에서 가능한
시간대를 선택한다.

* 해당 지점 원하는 시간대에 보고
  싶은 영화가 없다면
  '영화별 예매'를 선택하여 다른 지
  점의 시간을 조회해 볼 수 있다.

인원을 선택한다.

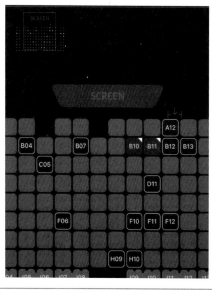

좌석을 선택한다.

〈 결제 **극장판 도라에몽-진구의 지구 교향곡** 2024.08.08 목요일 · 17:40~19:45 용산아이파크몰 · 16관[LCK관] 청소년 2 　　　　　　　　　　　**20,000원**	선택내역을 다시 한번 확인하고 결제한다.
	결제가 완료된 후, 모바일 티켓을 확인한다.

② 키오스크에서 예매 티켓 출력하기

	키오스크 화면에서 '예매 티켓 출력' 버튼을 누른다.
	조회방법을 선택한다. '바코드/예매번호로 조회' 또는 '휴대폰번호 (생년월일+전화번호)로 조회'
 	'바코드/예매번호로 조회'를 누르고, 모바일 티켓에 있는 바코드 (QR코드)를 스캔하거나 예매번호를 입력한다.

	예매번호를 모르는 경우 '휴대폰 번호로 조회'를 누르고 '생년월일 6자리+전화번호'를 입력한다.	
	출력된 티켓을 확인한다.	

영화관 이용 매너 - O/X 퀴즈

① 소리만 내지 않는다면 핸드폰은 얼마든지 사용할 수 있다.	O / X
② 영화가 시작되기 전에 자리에 앉아 기다린다.	O / X
③ 영화 시작 후 입장하는 경우, 빠르게 자리를 찾기 위해 플래시를 켠다.	O / X
④ 중간에 화장실을 가는 것은 다른 사람에게 방해가 될 수 있으니 무조건 참는다.	O / X
⑤ 작게 속삭이거나 부스럭거리는 정도의 소음도 다른 사람에게 방해가 될 수 있으니 주의한다.	O / X
⑥ 앞에서 비매너 행동을 보이는 경우, 좌석을 발로 차 불편함을 표현한다.	O / X
⑦ 영화 관람 중, 다른 사람들의 이해를 돕기 위해 내용을 설명하는 것은 괜찮다.	O / X
⑧ 빈자리는 어디든 앉아도 된다.	O / X
⑨ 음식물 반입은 얼마든지 자유롭게 가능하다.	O / X
⑩ 의자 팔걸이는 내가 편한대로 독차지한다.	O / X
⑪ 영화 관람 후 쓰레기는 자리에 가지런히 놓아두고 퇴장한다.	O / X

7) 도서관

✎ 목표

(1) 지역사회 시설(도서관)을 알고 적절하게 이용할 수 있다.

(2) 도서관을 이용할 때 지켜야 할 예절 및 매너를 알 수 있다.

(3) 도서관 이용 시 일어날 수 있는 여러 가지 상황을 생각하고 적절한 대처를 알 수 있다.

✎ 활동내용

◆ 도서 검색하기

(1) 도서관 이용 매너 중 소리를 크게 내지 않는 것을 이야기하며 흥미 유발을 위한 〈침묵 0070〉 활동을 진행한다.

(2) 집이나 학교에서 가까운 도서관의 정보를 얻는 방법을 생각한다.

(3) 활동지를 작성하고, 발표한다.

(4) 활동을 정리하며 소감을 나누고, 다음 시간을 소개하며 마무리한다.

◆ 도서 대출, 반납하기 (자가대출 반납기 이용하기)

(1) 도서관 이용 매너 중 소리를 크게 내지 않는 것을 이야기하며 흥미 유발을 위한 〈침묵 0070〉 활동을 진행한다.

(2) 도서관에서 책을 빌릴 때 필요한 것들을 이야기한다.

(3) 활동지를 작성하고, 발표한다.

(4) 활동을 정리하며 소감을 나누고, 다음 시간을 소개하며 마무리한다.

◆ 도서관 이용 매너 알기 O/X 퀴즈

* 준비물: O/X 팻말

(1) 도서관을 이용하며 불편했던 다른 사람의 행동이 있는지 이야기한다.

(2) 진행자가 읽어 주는 활동지 내용을 듣고 O/X 팻말로 답을 표시한다.

(3) 몇 가지 상황을 선택하여 롤플레잉하고 적절한 행동을 연습한다.

(4) 활동지를 작성하고, 활동지 항목 외에 도서관 매너를 추가로 발표한다.

(5) 활동을 정리하며 소감을 나누고, 다음 시간을 소개하며 마무리한다.

활동 TIP

- 활동지에 제시된 과정에서 어려움이 예상되거나 연습이 필요하다고 생각하는 부분이 없다는 반응을 보인다면 진행자가 관련한 문제 상황을 제시하며 생각을 촉진할 수 있다.

- 학습한 지역사회 시설 이용 과정을 실제 장면에서 적용해 볼 수 있도록 하고, 적용 과정에서 경험한 어려움을 다시 확인하고 연습을 반복한다.

- 키오스크 환경 및 선택 옵션 등은 매장이나 기기에 따라 달라질 수 있으므로 다양한 환경에서 충분한 연습이 이루어질 수 있도록 하고, 실전에 앞서 키오스크 교육용 애플리케이션을 활용할 수 있다.

- [도서 대출, 반납하기] 도서관마다 가능한 대출 기간과 연장 방법, 연장 가능 날이 다름을 알려 주며 이 부분도 확인할 수 있도록 한다.

도서 검색하기

❓ 유나는 도서관에 '작은 아씨들 1'이 있는지 알아보려고 한다. 사진을 보며 유나가 확인해야 하는 부분에 동그라미 치세요.

① 도서 검색

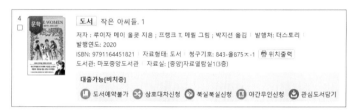

② 원하는 도서 찾기

도서명

작은 아씨들. 1

소장정보

선택	대출상태	청구기호	등록번호	반납예정일	자료실	도서예약	상호대차
☐	대출가능[비치중]	843-올875ㅈ-1 청구기호출력	QA000007 9489		[중앙]자료열람실 1(3층)	불가	신청

③ 대출을 위한 정보 확인

• 유나가 찾는 책은 지금 대출이 가능한가요? 가능하다면 어떤 자료실, 몇 번 책꽂이에서 책을 찾을 수 있을까요?

도서 대출, 반납하기 (자가대출반납기 이용하기)

❓ 유나는 자가대출반납기를 이용하여 책을 빌리려고 한다. 알맞은 순서대로 그림을 나열해 보세요.

① 대출할 도서 올려놓기

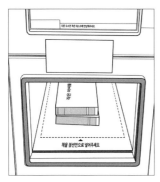

② 회원증 인식하기

③ 대출완료

④ 반납 날짜 확인하기

⑤ 대출하기

⑥ 자가대출반납기 찾기

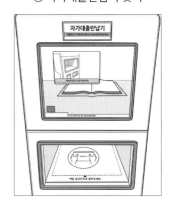

(　　) → (　　) → (　　) → (　　) → (　　) → (　　)

도서관 이용 매너 알기 - O/X 퀴즈

① 책상 위에 내 물건을 편하게 올려놓고 책을 양쪽으로 쌓아 둔다.	O / X
② 친구와 소곤소곤 이야기한다면 1시간 내내 수다를 떨어도 괜찮다.	O / X
③ 전화가 오면 열람실에서 통화 버튼을 누른다.	O / X
④ 열람실 내에서 친구와 간식을 나눠 먹는다.	O / X
⑤ 도서 검색용 컴퓨터로 인터넷 기사를 본다.	O / X
⑥ 열람실에서 편하게 타자 치며 노트북을 한다.	O / X
⑦ 내가 사용한 자리를 정리하고 퇴실한다.	O / X
⑧ 내가 찾는 책이 없을 때 도서관 직원에게 큰 소리로 질문한다.	O / X

8) 미용실

✏ 목표

(1) 지역사회 시설(미용실)을 알고 적절하게 이용할 수 있다.

(2) 미용실을 이용할 때 지켜야 할 예절 및 매너를 알 수 있다.

(3) 미용실 이용 시 일어날 수 있는 여러 가지 상황을 생각하고 적절한 대처를 알 수 있다.

✏ 활동내용

◆ 미용실 가기

(1) 팀을 나누어 제시된 인물 사진을 보고 누구인지 맞추는 인물 맞추기 게임을 진행하며 활동에 대한 흥미를 유발한다.

(2) 미용실에 다녀온 경험을 생각하며 미용실에서 일어나는 상황들을 이야기하고 활동지를 작성한다.

(3) 작성한 활동지를 참고하여 롤플레잉 한다.

(4) 활동을 정리하며 소감을 나누고, 다음 시간을 소개하며 마무리한다.

◆ 온라인으로 미용실 예약하기

(1) 미용실 예약 하는 방법을 이야기한다.

(2) 온라인으로 미용실 예약을 해 본 경험이 있다면 이야기한다.

(3) 활동지를 작성하고, 발표한다.

(4) 활동을 정리하며 소감을 나누고, 다음 시간을 소개하며 마무리한다.

◆ 금액 예상하기

(1) 미용실에 가기 전 확인하고 결정해야 하는 것을 이야기한다(원하는 헤어스타일, 가격, 예산 등).

(2) 활동지를 작성하고, 발표한다.

(3) 활동을 정리하며 소감을 나누고, 다음 시간을 소개하며 마무리한다.

활동 TIP

- [미용실 가기] 활동 전 순서가 섞여 있는 것을 미리 설명하고 정확하게 활동 진행할 수 있도록 돕는다.
- [온라인으로 미용실 예약하기] 개별로 진행할 경우 스마트폰을 사용하여 직접 예약하는 연습을 해 볼 수 있다.

미용실 가기

미용실 이용 방법을 살펴보고 뒤죽박죽 섞여 있는 사진을 순서에 맞게 번호를 적어 보세요.

	원하는 머리 스타일을 정한다.	
	소지품을 맡긴다.	
	디자이너에게 원하는 머리 스타일을 이야기한다.	
	예약 시간에 맞춰 미용실에 도착한다.	

	미용실 예약을 한다.	
	계산을 한다.	
	안내해 주는 자리에 앉는다.	
	완성된 스타일의 만족 혹은 불만족 의사를 표현한다.	

온라인으로 미용실 예약하기

❓ 온라인으로 미용실 예약을 하려고 한다. 온라인 예약 방법을 순서에 맞게 나열하세요.

① 날짜 선택하기

② 예약할 미용실 검색하기

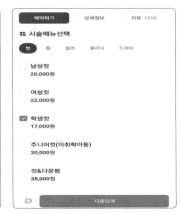
③ 시술 선택하기

④ 시간 선택하기

⑤ 예약 후 확정 기다리기

⑥ 예약 내용 확인 및 예약자 정보

(   ) → (   ) → (   ) → (   ) → (   ) → (   )

가 격 표

CUT

남성컷		20000
여성컷		22000
학생컷		17000
주니어컷		20000
다운펌		23000
컷+다운펌		35000
앞머리컷		3000

DRY

남성 셋팅	16000
블로우 드라이	19000
웨이브 드라이	3000

COLOR

뿌리염색	basic	55000
	premium	65000
basic	남	70000
	여	80000
premium	남	80000
	여	85000
특수염색	상담	

(탈색, 블랙빼기 등)

PERM

일반펌	남	70000
	여	80000
	주니어	60000
프리미엄펌	남	80000
	여	90000
특수펌	남	90000
	여	115000
매직	basic	135000
	premium	165000
볼륨매직	basic	145000
	premium	175000
	남	115000
셋팅	basic	135000
	premium	165000
특수펌(열펌)	basic	145000
	premium	175000
매직셋팅	basic	195000
	premium	225000
뿌리펌		70000
앞머리펌		30000
앞머리열펌		40000

(특수펌 - 히피펌, 스탈로펌, 롤스트레이트 등)

CLINIC

르미네상스	110000
O. 클리닉	80000

★ PERM, COLOR, CLINIC 시술의 경우 기장 추가 요금이 발생합니다 ★
(턱선기준~10cm-10000, ~20cm-20000, 20cm 이상 30000)

- 고등학생인 승비는 머리를 자르려고 한다. 얼마가 필요할까요?

- 유나는 볼륨 매직을 하고 싶다. 머리가 길어 10센치의 기장 추가 요금이 들 것 같다. 얼마가 필요할까요?

- 주리는 2개월 전 염색을 했다. 머리가 많이 길어 뿌리 염색을 해야 하고 앞머리 커트도 하고 싶은데 얼마가 필요할까요?

2. 전자통신매체 활용 기술

1) 전자통신매체 예절과 매너

🖉 목표

(1) 전자통신매체 이용을 위한 기본적인 예절과 매너를 지킬 수 있다.

(2) 전자통신매체 활용 시 개인정보를 비롯해 자신을 적절히 보호할 수 있다.

🖉 활동내용

◆ **악플과 선플 구분하기**

(1) 내가 사용하는 전자통신매체에서 누구와 어떻게 소통 및 활용하고 있는지 이야기한다.

(2) 댓글을 작성하게 된다면 내용을 생각하고, 나의 댓글은 악플인지 선플인지 이야기한다.

(3) 자신이 작성한 댓글은 아니지만, 악플을 봤을 때와 선플을 봤을 때 기분과 악플의 기준을 발표한다.

(4) 활동을 정리하며 소감을 나누고, 다음 시간을 소개하며 마무리한다.

◆ **나는 선플러**

* 준비물: 메모지

(1) 나의 인터넷 댓글 경험을 공유하고, 선플과 악플의 기준을 생각한다.

(2) 각 뉴스 기사와 SNS를 보고 메모지에 댓글 내용을 작성한다.

(3) 작성한 댓글을 각 기사와 SNS 아래 부착한다.

(4) 그룹원들이 작성한 댓글 중 가장 최고의 선플을 뽑는다.

(5) 선플을 작성할 때 기분이 어떤지 생각하고, 그룹원들이 작성한 댓글을 보며 어떤 기분이 드는지 이야기한다.

(6) 활동을 정리하며 소감을 나누고, 다음 시간을 소개하며 마무리한다.

◆ 단체 채팅 에티켓 배우기

* 준비물: 색연필

(1) 평소 나의 채팅 습관을 공유하고, 단체 채팅에서 지켜야 하는 예절을 생각한다.

(2) 자신이 참여하고 있는 단체 채팅이 무엇이 있는지 생각한다.

(3) 활동지의 에티켓을 확인하고, 제시된 행동이 적절한지 아닌지 구분하여 색칠한다.

(4) 단체 채팅 에티켓의 필요성을 이야기하고 일상생활에서 적용한다(온라인 수업 채팅, 반 채팅).

(5) 활동을 정리하며 소감을 나누고, 다음 시간을 소개하며 마무리한다.

◆ 개인정보 한계설정

(1) 온라인상에서 개인정보의 공개와 관련하여 한계설정이 필요한 이유를 이야기한다.

(2) 온라인상에서 공유할 수 있는 정보들로 활동지 빈칸을 채운다.

(3) 대상에 따라 온라인상에서 공유 가능한 정보에 O 표시를 한다.

(4) 온라인상에서 개인정보의 공개와 관련하여 한계설정이 필요한 이유를 이야기한다.

(5) 활동을 정리하며 소감을 나누고, 다음 시간을 소개하며 마무리한다.

활동 TIP

- 악플에 초점을 두어 분위기가 휩쓸리지 않도록 주의하고, 장난스러운 반응에 제한이 필요하다.

- [악플과 선플 구분하기] 적절한 비판은 악플이 아닐 수 있으나 받는 사람에 따라 신고를 할 수 있으니 지양하도록 한다.

- [나는 선플러] 활동을 진행할 때 이슈가 되고 있는 기사를 준비한다면 현실성 있게 진행할 수 있다. 활동에서는 꼭 댓글을 작성하도록 하나 현실에서는 꼭 댓글을 달아야 하는 것은 아님을 알도록 한다.

- [개인정보 한계설정] 빈칸을 채우기 어려워하는 경우, 이야기하면서 함께 채울 수 있다. 그룹의 특성에 따라 빈칸에 들어갈 적절한 예시를 들어줄 수 있다.

악플과 선플 구분하기

❓ 아래 영상에 달린 댓글을 확인하고 선플(👍), 악플(👎) 표시하세요.

@kim 21시간 전
침 나온다, 나도 이번 주말 ㄱㄱ
👍   👎   답글

@lim 23시간 전
쟤 저거 앞광고임. 응 노맛～
👍   👎   답글

@park 23시간 전
먹는 방송 지겨운데~ 이건 꿀잼
👍   👎   답글

@happy 1일 전
지난 주말에 강남역에서 만났는데, 사진도 찍어주고 완전 친절함!
👍   👎   답글

@lee 1일 전
이번에 사건 터진 OO 얘 아님? 이니셜 맞는 거 같은데? 역겨워
👍   👎   답글

@choi 2일 전
씨X 존X 밥맛 떨어지네 왤케 쩝쩝거림?
👍   👎   답글

나는 선플러 1

☰	전체기사	공지	문화예술	사내일기	성과	포토뉴스	동영상	커뮤니티	🔍

<뉴스 기사> 유연수 하반신 마비 만든 음주운전 30대,
"징역 4년 많아" 항소

<뉴스 기사> 강철원 사육사, 4월 중국 가는 푸바오 향한
마지막 소원 "유채꽃 보여 주고파"

〈친구 SNS〉

단체 채팅 에티켓 배우기

❓ 단체 채팅에서 에티켓을 알아보고, 아래의 행동을 표정으로 평가해 보세요.

상대방을
존중하는 언어를
사용한다.

사진 및 영상을
다른 채팅방에
전달하지 않는다.

채팅방에서
혼자 도배하며
말하지 않는다.

참여자들과
관련 없는 이야기는
하지 않는다.

동의 없이
다른 사람을
초대하지 않는다.

친구 얼굴에 웃긴 사진을 합성해서 단체 채팅방에 올렸다.	☺	☹
담임선생님께서 공지사항을 올렸는데, 아무도 대답하지 않아 내가 먼저 대답했다.	☺	☹
부모님께 혼나 위로 받고 싶지만, 친구들이 주말 약속에 대해 즐겁게 이야기하고 있어 다른 친구와 채팅을 했다.	☺	☹
나의 단짝 친구를 나만의 단체 채팅방에 초대한다.	☺	☹
친구가 싫어하는 별명을 단체 채팅방에서 사용하지 않는다.	☺	☹
기분이 안 좋을 때마다 단체 채팅방을 나가고, 기분이 풀리면 친구에게 다시 초대해 달라고 반복한다.	☺	☹
채팅은 계속 남는 내용이므로 평소 대화를 할 때 더 예의를 지키며 참여한다.	☺	☹

개인정보 한계설정

❓ 인터넷에서 공유할 수 있는 정보로 빈칸을 채우고 대상별로 공유 가능한 정보에 O 표시하세요.

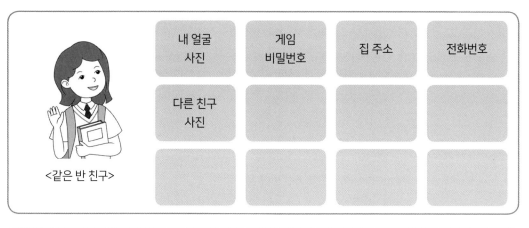

	내 얼굴 사진	게임 비밀번호	집 주소	전화번호
<같은 반 친구>	다른 친구 사진			

	내 얼굴 사진	게임 비밀번호	집 주소	전화번호
<게임에서 만난 친구>	다른 친구 사진			

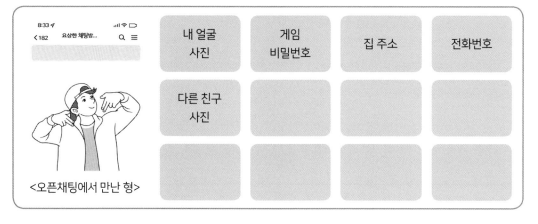

	내 얼굴 사진	게임 비밀번호	집 주소	전화번호
<오픈채팅에서 만난 형>	다른 친구 사진			

2) 온라인 쇼핑 및 결제

🖊 목표

(1) 온라인상에서 사용할 수 있는 다양한 결제 방법을 알고 적절하게 사용할 수 있다.

(2) 중고마켓을 안전하게 사용할 수 있다.

🖊 활동내용

◆ 온라인 거래 O/X

* 준비물: O/X 깃발, 테이블

(1) 온라인 쇼핑이나 중고마켓을 이용해 본 경험을 이야기한다.

(2) 온라인 쇼핑이나 중고마켓을 이용할 때 주의해야 할 점을 이야기한다.

(3) 진행자가 읽어 주는 내용을 듣고 O/X 깃발이 있는 곳으로 달려가서 정답이라고 생각하는 깃발을 뽑는다.

(4) 활동을 정리하며 소감을 나누고, 다음 시간을 소개하며 마무리한다.

◆ 내가 사용할 수 있는 결제 방법 찾기

(1) 온라인상에서 자신이 사용할 수 있는 결제 방법은 어떤 것이 있는지 이야기한다.

(2) 평소 많이 사용하는 결제 수단을 이야기한다.

(3) 활동지를 작성하고 자신이 사용할 수 있는 결제 방법을 찾고 평소 이용하던 수단이 아니라면 어떻게 사용하는지 알아본다.

(4) 활동을 정리하며 소감을 나누고, 다음 시간을 소개하며 마무리한다.

◆ 결제하기(무통장 입금)

(1) 최근 쇼핑한 경험을 주제로 〈진짜 진짜 가짜〉 게임을 진행하며 흥미를 유발한다. (〈진짜 진짜 가짜〉 게임: 최근 쇼핑한 경험과 관련해 2가지 진짜 내용을 적고 1가지 가짜 내용을 적어 퀴즈를 내는 게임)

(2) 무통장입금 이용 경험을 공유하고, 이용 경험이 없으면 방법을 이야기한다.

(3) 활동지를 작성하고, 발표한다.

(4) 활동을 정리하며 소감을 나누고, 다음 시간을 소개하며 마무리한다.

활동 TIP

- 자신의 용돈 내에서 구매할 수 없는 물건의 경우 부모님과 상의한다.
- [내가 사용할 수 있는 결제 방법 찾기] 통장, 카드를 만들거나 간편 결제 시스템에 결제 수단을 등록하고 싶을 때 부모님께 도움을 요청한다.
- [결제하기] 결제 완료 후 입금하는 것을 잊지 않도록 주의하며 본인이 시간 내 입금이 어려울 때 부모님께 도움을 요청할 수 있도록 알려 준다.

온라인 거래 O/X

❓ 아래 항목을 읽어 보고 바람직한 거래 방법에는 O, 위험한 거래 방법에는 X를 표시해 보세요.

당근마켓

( ) 상품 상태와 실제 사진을 꼼꼼하게 살펴보고 거래한다.

( ) 다른 판매자 보다 시세가 많이 싼 물건을 구매한다.

( ) 거래 이력이 많고 평점이 좋은 판매자와 거래한다.

( ) 직거래 시 성인과 동행하거나, 사람이 많은 도로변에서 거래한다.

중고나라

( ) 업체에서 제공하는 안전거래를 이용한다.

( ) 입금 전 판매자의 사기 내역을 검색한다.

( ) 실제 사진이 없는 제품을 구매한다.

( ) 입금 후 판매자와 연락이 되지 않는다면 일이 커질 수 있으니 조용히 지나간다.

상품권 거래

( ) 판매자가 주민등록번호를 요구한다면 문자로 전송한다.

( ) 오픈채팅방에서 정보를 알 수 없는 사용자와 거래한다.

( ) 사진은 정확해야 하기 때문에 상품권을 사진 찍어 올릴 때 번호가 나오게 찍어 올린다.

( ) 인증된 기관에서 구매한다.

게임 아이템 및 계정

( ) 아이템 및 계정 전달을 확인하지 않고 먼저 돈을 보낸다.

( ) 계정 거래를 금지한다.

( ) 예금주와 게임 아이디의 이름이 일치하는지 확인한다.

내가 사용할 수 있는 결제 방법 찾기

결제하기 (무통장 입금)

❓ 유나는 인터넷에서 립밤을 산 뒤 결제를 하려고 한다. 무통장 입금 결제 방식을 알맞은 순서대로 나열해 보세요.

① 결제 수단 선택하기

② 구매할 상품 선택하기

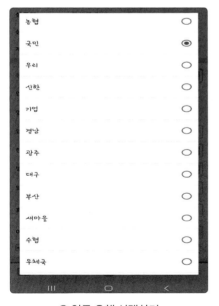

③ 입금 은행 선택하기

④ 배송 정보 확인하기

⑤ 통장번호 확인 후 입금

⑥ 주문 정보 적기

⑦ 결제하기

( ) → ( ) → ( ) → ( ) → ( ) → ( ) → ( )

- 유나는 무통장 입금으로 물건을 구매했다. 결제 완료 화면을 확인 후 무엇을 해야 할까요?

- 유나가 구매를 완료하기 위해 얼마를 어디에 입금해야 하는지 위 사진에서 찾아 적으세요.

참고문헌

강인희 (2021. 3. 9.). [코로나19 교육기획]② 인터넷 몰입·사회성 손실 '심각'. KBS NEWS. https://news.kbs.co.kr/news/view.do?ncd=5134795에서 2022년 2월 17일 인출.

뉴스EBS (2020. 6. 29.). 코로나 시대, 고립이 아이들에게 미치는 영향. Youtube. https://youtu.be/YPNQJ-MNZzM에서 2022년 2월 17일 인출.

우에노 카즈히코, 오카다 사토시(2015). 장애아동을 위한 사회성 기술 지도 매뉴얼. 학지사.

차성현, 곽윤정, 박종효, 최지영(2012). 사회성 및 감정 교육 확설화 반안 연구. 한국교육개발원.

홍석재 (2021. 5. 8.). "코로나19 학습결손, 정말 심각하게 보고 있다". 한겨레. https://www.hani.co.kr/arti/society/society_general/994346.html에서 2022년 2월 17일 인출.

Barkley, R. A. (1995). Linkages between attention and executive functions. In G. R. Lyon & N. A. Krasnegor (Eds.), Attention, memory, and executive function (pp. 307-326). Baltimore: Paul H. Brookes.

Beck, A. T. (1970). Cognitive therapy: Nature and relation to behavior therapy. *Behavior therapy, 1*(2), 184-200.

Bledsoe R., Myles B. S., & Simpson R. L. (2003). Use of a Social Story™ intervention to improve mealtime skills of an adolescent with Asperger syndrome. *Autism*, 7, 289-295

Erikson, E. H. (1963). *Childhood and society* (Vol. 2). New York: Norton.

Gresham, F. M., Sugai, G., & Horner, R. H. (2001). Interpreting outcomes of social skills training for students with high-incidence disabilities. *Exceptional Children*, 67, 331-344.

Krasny, L., Williams, B. J., Provencal, S., & Ozonoff, S. (2003). Social skills interventions for the autism spectrum: Essential ingredients and a model curriculum. *Child and Adolescent Psychiatric Clinics, 12*(1), 107-122.

Landua, S., & Milich, R. (1988). Social communication pattern of Attention-Dieficit-Disordered boys. *Journal of Abnormal Child Psychology, 16*(1), 69-81.

Roehr, B. (2013). American psychiatric association explains DSM-5. Bmj, 346.

저자 소개

채수정(Chae Sujung)

숭실대학교 일반대학원 사회복지학 석사

1급 정신건강사회복지사(보건복지부), 2급 청소년상담사(여성가족부) 자격 취득

아동·청소년 사회성집단치료사, 부모교육전문가

전) 분당서울대학교병원, 좋은마음정신건강의학과, 서울수마음정신건강의학과

현) 화인정신건강의학과, 인터넷꿈희망터(아이도스상담센터)

김주경(Kim Jukyeong)

경희대학교 행정대학원 사회복지학 석사

1급 사회복지사(보건복지부), 인지치료전문가(인지치료학회), 2급 청소년상담사(여성가족부) 자격 취득

아동·청소년 사회성인지치료사, 인지치료전문가

전) 삼성아이정신건강의학과, 화인정신건강의학과, 위드정신건강의학과

현) 신석호정신건강의학과, 인터넷꿈희망터(아이도스상담센터)

김유나(Kim Yuna)
명지대학교 통합치료대학원 미술치료학 석사
예술심리상담사/미술심리(명지대학교), 2급 청소년상담사(여성가족부) 자격 취득
미술심리상담사, 청소년상담전문가
현) 디딤정신건강의학과, 서울아이마음정신건강의학과, 아이클소아청소년발달클리닉

국주리(Kook JuRi)
단국대학교 특수교육대학원 심리치료 석사 과정
1급 사회복지사(보건복지부), 2급 인지학습심리상담사(한국정신건강심리학회) 자격 취득
인지학습치료사, 부모교육전문가
현) 이보라소아청소년과발달클리닉

박꽃초롱(Park Kkotchorong)
홍익대학교 금속조형디자인과 학사
가천대학교 특수치료대학원 미술치료학과 석사
미술심리상담사(가천대학교), 2급 청소년상담사(여성가족부) 자격 취득
미술심리상담사, 청소년상담전문가
전) 가천대학교 길병원 특수치료센터, 한국예술협동조합 마음아뜰리에
현) 희망가득정신건강의학과, 돈보스코심리발달연구센터 상담/미술치료사

곽다미(Kwak Dami)
이화여자대학교 일반대학원 아동학 석사
이화여자대학교 일반대학원 아동학 박사 과정
2급 중등학교 정교사(교육부), 2급 청소년상담사(여성가족부) 자격 취득
아동·청소년 사회성인지치료사, 놀이치료사
전) 화인정신건강의학과
현) 마리정신건강의학과, 이화봄심리상담센터

임승비(Lim Seungbee)
University of Iowa 학사 Psychology 전공
이화여자대학교 일반대학원 아동학과 석사
ADOS-2 Researcher(분당서울대병원), 부모교육전문가(이화여자대학교) 자격 취득
발달놀이전문가, 부모교육전문가
현) 서울대학교병원 소아청소년정신과 연구원

아동 · 청소년을 위한
경험중심 사회기술훈련 2
-사회 상황 이해를 돕는 적응 기술-

Experiential social skills training for children and teens
: Adaptive skills to help with understand social situations

2024년 10월 30일 1판 1쇄 발행
2025년 1월 20일 1판 2쇄 발행

지은이 • 채수정 · 김주경 · 김유나 · 국주리 · 박꽃초롱 · 곽다미 · 임승비
펴낸이 • 김 진 환
펴낸곳 • (주)**학지사**

04031 서울특별시 마포구 양화로 15길 20 마인드월드빌딩 5층
대표전화 • 02) 330-5114 팩스 • 02) 324-2345
등록번호 • 제313-2006-000265호
홈페이지 • http://www.hakjisa.co.kr
인스타그램 • https://www.instagram.com/hakjisabook

ISBN 978-89-997-3267-6 93180

정가 **17,000원**

출판미디어기업 **학지사**

간호보건의학출판 **학지사메디컬** www.hakjisamd.co.kr
심리검사연구소 **인싸이트** www.inpsyt.co.kr
학술논문서비스 **뉴논문** www.newnonmun.com
원격교육연수원 **카운피아** www.counpia.com
대학교재전자책플랫폼 **캠퍼스북** www.campusbook.co.kr